JN261600

塚本ミカの
ワイヤーデザインジュエリーのアレンジ

日東書院

ワイヤーデザインジュエリーの招待状

こんにちは、エレガンス

少女の頃から夢見てきた。素敵な大人になりたいと。
いつか見た映画や小説のヒロイン、絵の中の貴婦人。
そのノーブルでエレガントなたたずまい。
美しい人と、美しいものに出会った記憶が、
ワイヤーデザインジュエリーのイメージになります。

ひとつだけの輝き

ジュエリーはデコルテラインを綺麗に見せ、
シンプルな服をクラスアップさせます。
華やかなシーンでジュエリーがささやくのです。
「さあ、背筋を伸ばして。女王様のように堂々と」。
他にない、あなただけの輝きに視線が集まるでしょう。

きらめきは、ささやき

ジュエリーのきらめきは、ジュエリーの言葉。
ハンドメイドに夢中になっている時、
やさしくきらめいて励ましてくれるのです。
難しそうに思えたフォルムが、きれいにできてしまう。
ステップアップしてゆく感動が、女性を内側から輝かせま

美しいマジック

フランスの童話「緑の指」の主人公が、
指で土や壁に触れると、いっせいに花が咲く。
風景が明るく変わり、誰もが幸せな気分になります。
ある日、あなたが天然石とワイヤーに出会う。
花や草のモチーフを創る、魔法の指を手に入れたのです。

Contents

ワイヤーデザインジュエリーの招待状 …… 2
この本で使っている材料 …… 8
基本のテクニック …… 11

Lesson1
1本のワイヤーから作るモチーフ

青空のスーベニール …… 18
わすれな草のアラベスク …… 22
すみれ色の翼 …… 26
ミモザの花束 …… 30
フランス刺繍のドレス …… 34

Lesson2
お花のモチーフのアレンジ

春のエチュード …… 44
妖精のパラソル…… 47
バラ色のワルツ …… 51

Lesson3
モチーフ同士の組み合わせ

小公女の夢 …… 58

ブルー・ファンタジー …… 61

オルゴールのメロディ …… 65

スノーホワイト・プリンセス …… 68

ビザンチン・ノスタルジア …… 72

Lesson4
モチーフをワイヤーでアレンジ

雨のピアノ曲 …… 80

オータム・フォレスト …… 83

舞踏会のメモワール …… 87

アレンジのアイデア …… 39, 55, 75, 91

スクエアワイヤーの型紙 …… 42, 93

塚本ミカの作品と講座について …… 95

この本で使っている材料

ジュエリー作りの前に材料を準備しましょう。
材料はアクセサリーパーツの専門店や手芸店などで揃えることができます。

ワイヤー類

スクエアワイヤー
ジュエリー作りに最適な四角い形のワイヤー。色はノンターニッシュブラス、シルバーの他アンティークブラス。この本では初心者の方にも曲げやすい#22（0.64㎜）を使用。

アーティスティックワイヤー
スクエアワイヤーを束ねる、めがね留め、カラーパールを巻きつけるなどに#30（0.25㎜）、アレンジに#20（0.8㎜）を使用。慣れてきたら#28（0.3㎜）で作りましょう。

フレーミングワイヤー
天然石に巻きつけ台座（枠）にするワイヤー。立て爪のような形で豪華なイメージを演出。

練習用ワイヤー
扱いに慣れないうちは100円ショップなどで購入できるワイヤーで練習しましょう。

金具類・その他の材料

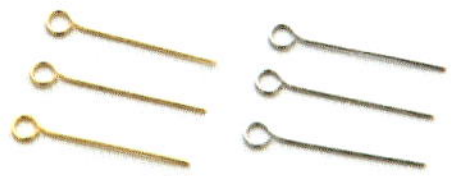

9ピン
「9」の字型のピン。天然石などを通して先を丸め、パーツ同士をつなぎます。

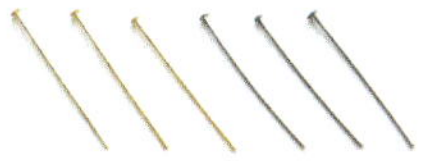

Tピン
「T」の字型のピン。天然石などを通して先を丸め、パーツを下げます。

メタルビーズ（カラーパール）
スクエアワイヤーの装飾やワイヤーを通してめがね留めに。2mmと3mmを使用。

丸カン
パーツ同士をつないだり留め金具の間に入れたりする丸型の金具。3mmを使用。

チェーン
作ったモチーフをつなげてネックレスにします。カットしてパーツの一部にも。

引き輪
アクセサリーの留め金具。チェーンにつなげ、アジャスターとセットで使います。

アジャスター
引き輪とセットで使用する留め金具。アクセサリーの長さを調節できます。

ボールチップ
テグスなどの端の処理に使用するエンドパーツ。使い方はP.15をご参照ください。

つぶし玉
ワイヤー類に通したパーツの固定やテグスの端の処理に平ペンチでつぶして使用。

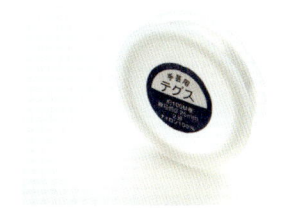

テグス
パーツを通したり留めたりするのに使うナイロン製の細い糸。2号を使用。

バチカン
大きめのモチーフにつけてチェーンを通し、ペンダントトップにする時に使用。

工具類

丸ヤットコ（丸ペンチ）
先が丸いペンチ。スクエアワイヤーや9ピン、Tピンの先を丸める、めがね留めなどに最適。

平ヤットコ（平ペンチ）
先が平たいペンチ。丸カンの開閉やボールチップを閉じる、つぶし玉をつぶすなどに最適。

ニッパー
ワイヤー類やテグス、チェーン、ピンなどをカットする工具。

ナイロンジョープライヤー
先がナイロン製で素材を挟んでも傷がつきにくいのが特徴。ワイヤー類を伸ばす、押さえるなどに使用。

副資材・その他の道具

油性ペン
ワイヤー類を曲げる、束ねる、切る部分に印をつけます。

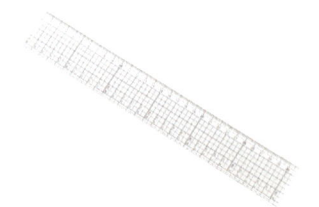

定規
ワイヤー類の長さを測る、油性ペンで印をつける部分の確認に使用。

接着剤
ワイヤー類の処理、パーツの固定に使用。乾くと無色透明になるタイプがおすすめ。

メンディングテープ
ワイヤー類やモチーフをずれないように固定。はがれやすくワイヤー類が汚れにくいのが特徴。

除光液
ワイヤー類の印の位置を間違えた場合や仕上げに油性ペンを消したい時に使用。

綿棒
除光液を含ませて使用。油性ペンのあとは接着剤をつける前に消すのがポイント。

基本のテクニック

この本の基本になるテクニックをすべてまとめました。わからなくなったらこちらを見てジュエリー作りを進めてください。

スクエアワイヤーを丸める

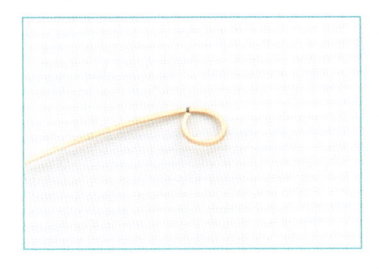

①スクエアワイヤー#22の先に油性ペンで印をつけ、丸ペンチで挟みます。

②①をペンチの丸みを使って印までゆっくり丸めていきます。

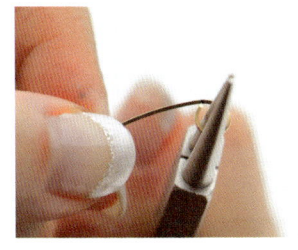

③ワイヤーの先が印の位置にくるまでしっかり丸めて完成！

うずまきを作る

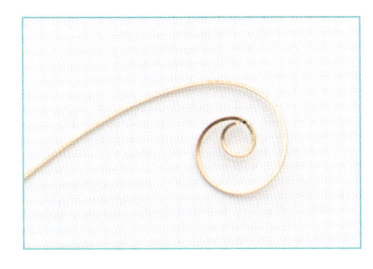

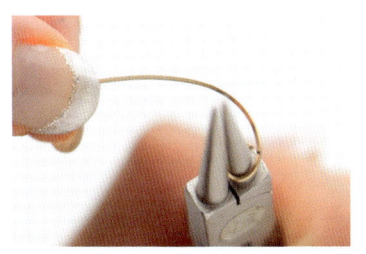

①スクエアワイヤー#22を用意して油性ペンで印をつけ、丸めます。

②①をペンチをゆっくり回しながらさらに丸めていきます。

③手に持ったワイヤーを手前に引き、そのままうずまきになるまで丸めて完成！

スクエアワイヤーを束ねる

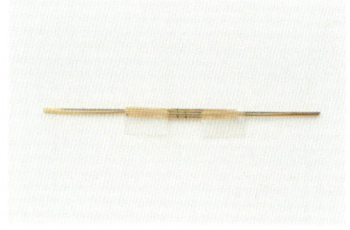

①スクエアワイヤー#22に油性ペンで印をつけ、ずれないようにテープで固定します。

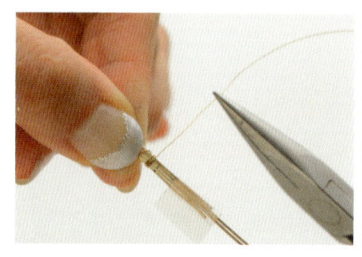

②ワイヤー#30を用意して平ペンチで挟み、①の印の位置から巻きはじめます。

③ゆっくり3回巻いたら巻き目が浮かないようにペンチで挟みます。

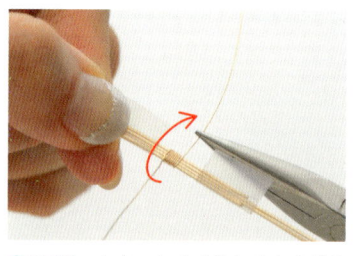

④3回巻いたらペンチで挟むことを繰り返し、印の位置までワイヤーを束ねます。

⑤束ね終わったワイヤーはモチーフの裏側になる部分からニッパーで切ります。

⑥反対側のワイヤーも⑤の対角線になる部分からニッパーで切ります。

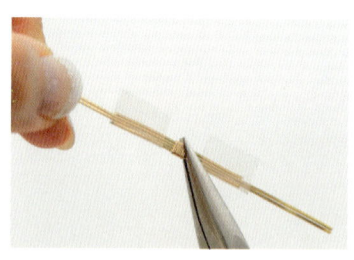

⑦切ったワイヤーが浮かないように平ペンチで挟んで押さえます。

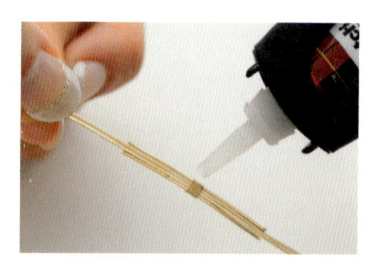

⑧テープを外し、⑦の切り口に接着剤をつけてワイヤーを固定したら完成！

丸カンの開閉

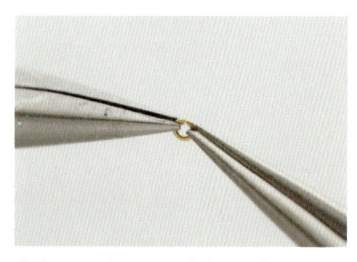

①丸カンの切れ目を左右から丸ペンチと平ペンチでそれぞれ挟みます。

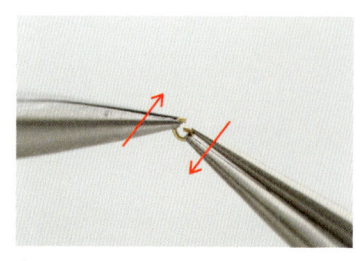

②片側を手前に、片側を奥に動かして開閉します（左右に引っ張らないよう注意）。

③丸カンの切れ目を開けてからパーツを通し、ぴったり閉じてつなげれば完成！

めがね留め

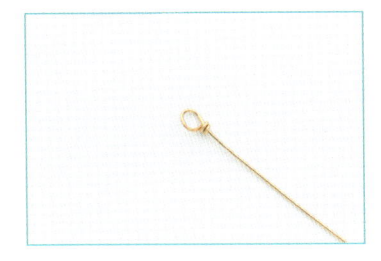

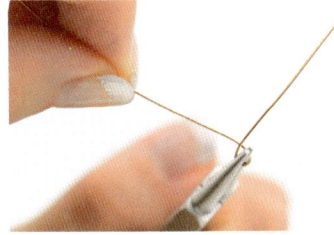

①ワイヤー（わかりやすいよう太いタイプを使用）を用意して丸ペンチで輪を作ります。

②①の輪をペンチで挟んだまま交差した部分にワイヤーを巻きつけます。

③②をそのまま3回巻きつけます。

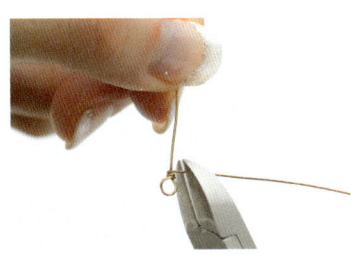

④巻きつけ終わったら余ったワイヤーをニッパーで切ります。

⑤切ったワイヤーが浮かないように平ペンチで挟んで押さえたら完成！

カラーパールを巻きつける

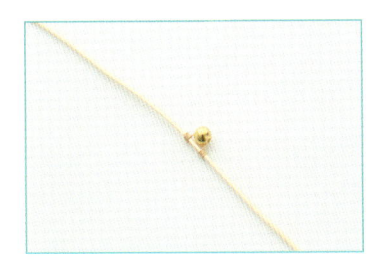

①カラーパールにワイヤー#30を通し、スクエアワイヤー#22に固定します。

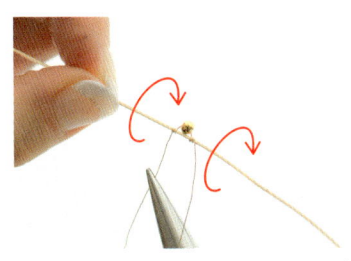

②①をそのまますき間を開けずに3回ずつスクエアワイヤーに巻きつけます。

③巻きつけ終わったら余ったワイヤーをそれぞれニッパーで切ります。

④切ったワイヤーが浮かないように平ペンチで挟んで押さえます。

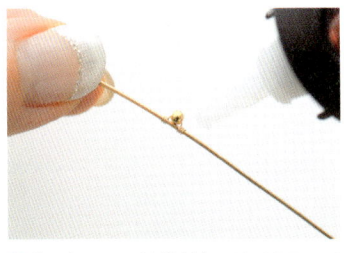

⑤④の切り口に接着剤をつけてカラーパールを固定したら完成！

カラーパールのめがね留め

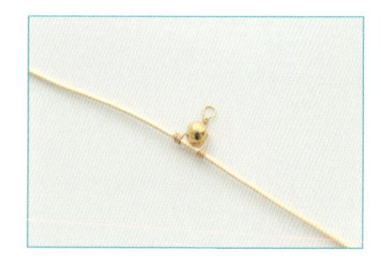

①カラーパールをスクエアワイヤーに巻きつけ（P.13を参照）、ワイヤー#30を通します。

②①をカラーパールの上で交差して2回ねじります。

③②のワイヤー1本をねじった部分からニッパーで切ります。

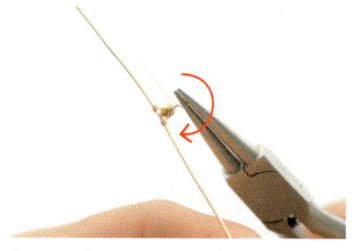

④もう1本のワイヤーを丸ペンチで挟んで輪を作ります。

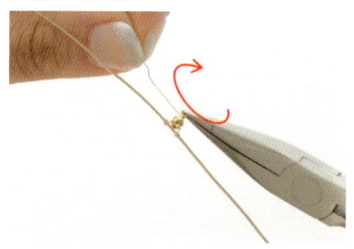

⑤④をめがね留めして余ったワイヤーをニッパーで切ったら完成！

天然石のお花

①ワイヤー#30を用意して天然石を通し、反対側の穴で交差して2回ねじります。

②①にもう1個天然石を通します。

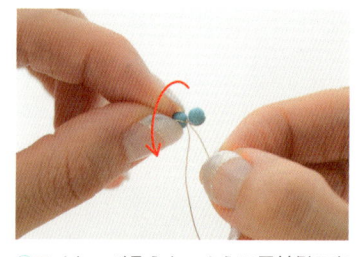

③ワイヤーが見えないように反対側の穴で交差して2回ねじります。

④③にさらに1個天然石を通します。

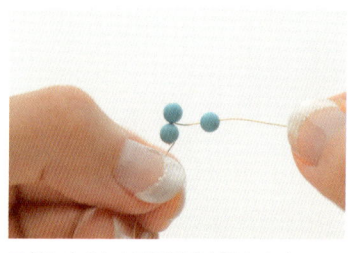

⑤反対側の穴で交差して2回ねじり、ワイヤーが見えない側を表にして完成！

9 ピンパーツ

①9ピン0.5mmを用意して天然石を通します。

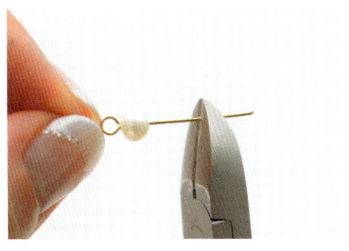

②①の先8mmに油性ペンで印をつけてニッパーで切ります。

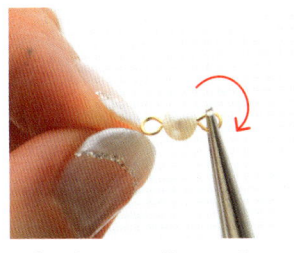

③②を丸ペンチで挟んで天然石の位置まで丸めて完成！

T ピンパーツ

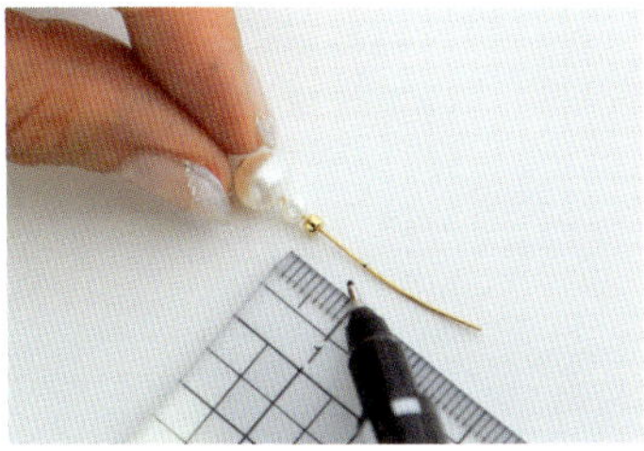

①Tピン0.5mmを用意して天然石を通し、先8mmに油性ペンで印をつけます。

②①を印の長さにニッパーで切り、先を指で倒します。

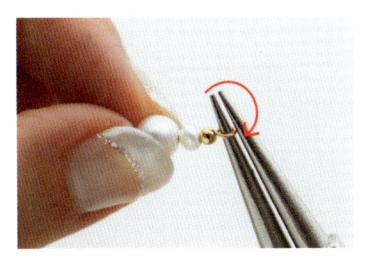

③②を丸ペンチで挟んで天然石の位置まで丸めて完成！

ボールチップを閉じる

① テグス2号（わかりやすいよう黒を使用）にボールチップとつぶし玉を通します。

② ①のつぶし玉を平ペンチでつぶします。

③ 余ったテグスをニッパーで切ってつぶし玉に接着剤をつけます。

④ ボールチップを平ペンチで閉じます。

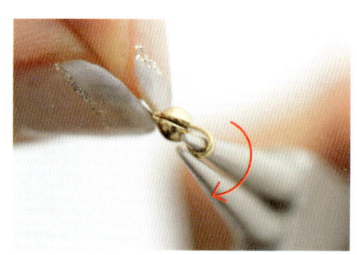

⑤ ④の先を丸ペンチで挟んで丸めて完成！

フレーミングワイヤーの枠

① フレーミングワイヤーを用意して丸ペンチで挟んでカーブをつけます。

② ①を天然石に巻きつけて枠の大きさを決めます。

③ ②を天然石の長さに合わせてニッパーで切ります。

④ ③の穴にテグス2号（わかりやすいよう黒を使用）を通して内側で結び、枠を作ります。

⑤ ④の結び目に接着剤をつけて留めます。

⑥ 天然石をはめて背になる部分のツメを平ペンチで倒して完成！

Lesson 1

1本のワイヤーから作るモチーフ

スクエアワイヤーを1本から束ね、
ステップごとに複雑なモチーフになります。
ワイヤーが増えていくと
こんなにも表現の幅が広がるのです。

1本のワイヤーで作るモチーフ
青空のスーベニール

18

「どこからきたの」「青空のきれいな遠い国から」。
抜けるような青空と、
塔の青いモザイク模様が目に浮かびます。
青の都サマルカンドを旅してきたようなモチーフ。
パールとチェーンでつないで、エキゾチックなネックレスに。

できあがりのサイズ……1.8cm×2cm

材料
トルコ石4mm……9個
パール4mm……2個
スクエアワイヤー♯22……36.6cm
ワイヤー♯30……165cm
9ピン0.5mm……2本
カラーパール2mm……6個

チェーンの材料
トルコ石4mm……2個
パール4mm……2個
9ピン0.5mm……6本
カラーパール2mm……2個
チェーン……18cm
引き輪、アジャスター……各1個
丸カン3mm……2個

準備……P.42の型紙を参考にワイヤーを準備しましょう。

作り方

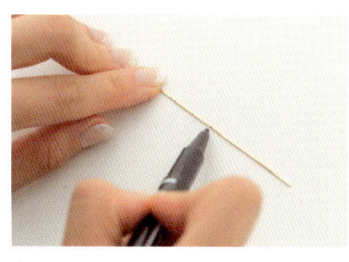

① スクエアワイヤー♯22を12.2cm用意して油性ペンで印をつけます。

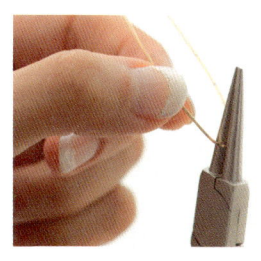

② ワイヤーの先から5cmの印を丸ペンチで挟んで「U」の字に曲げます。

③ 「U」の字に曲げたワイヤーを1cmの印で交差させます。

④短いワイヤーの先を外巻きに1cmの印まで丸めます。

⑤さらに丸めてうずまきを作ります。

⑥長いワイヤーの先から5cmの印を丸ペンチで挟み、「U」の字に曲げます。

⑦そのまま1cmの印で交差させます。

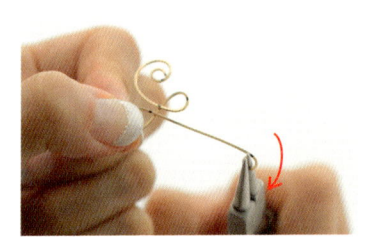

⑧交差させたワイヤーの先を④と反対巻きに1cmの印まで丸めます。

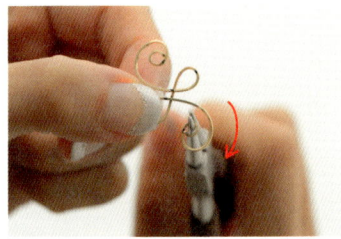

⑨さらに丸めてうずまきを作ります。

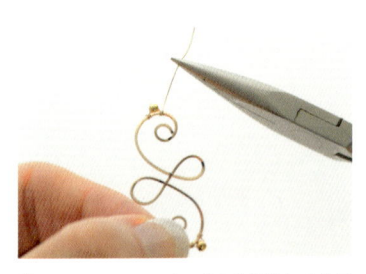

⑩ワイヤー#30の10cmを2本用意してカラーパール2mm2個を⑨に巻きつけます(P.13を参照)。

⑪さらにワイヤー#30の10cm2本でカラーパールにめがね留め(P.14を参照)します。

⑫カラーパールにめがね留めしたモチーフ。

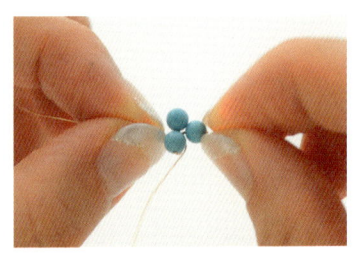

⑬ワイヤー#30を15cm用意してトルコ石4mm3個のお花(P.14を参照)を作ります。

⑭トルコ石のお花のワイヤーを⑫の中心に通します。

⑮それぞれのワイヤーをモチーフに3回ずつ巻きつけます。

⑯余ったワイヤーをモチーフの裏側からニッパーで切ります。

⑰切ったワイヤーの先に接着剤をつけます。

⑱⑰を3個作ります。

⑲パール4mmの9ピンパーツ（P.15を参照）を2個作ります。

⑳丸ペンチで⑲と⑱をつなげて完成！

チェーンの作り方

パール4mm、チェーン1cm、トルコ石4mm、カラーパール2mm、チェーン7cmの順に9ピンでつなげたものを2本作り、それぞれ丸カンで引き輪とアジャスターにつけます。4mmパールの9ピンをモチーフとつなげれば完成。

2本のワイヤーで作るモチーフ
わすれな草のアラベスク

淡い青のアマゾナイトは、わすれな草の色。
ほのかに甘い春風を含んだやさしい色。
2本のワイヤーが描く金色のアラベスクは、
パールを添えてノーブルに。
モチーフを3つつなぐと、風にそよぐお花畑のよう。

できあがりのサイズ……1.8cm×4cm

材料
アマゾナイト4mm……9個
パール6mm……3個
スクエアワイヤー#22……49.2cm
ワイヤー#30……175cm
9ピン0.5mm……2本
カラーパール3mm……4個

チェーンの材料
パール6mm……2個
パール4mm……2個
9ピン0.5mm……6本
カラーパール2mm……2個
チェーン……20cm
引き輪、アジャスター……各1個
丸カン3mm……2個

準備……P.42の型紙を参考にワイヤーを準備しましょう。

作り方

①スクエアワイヤー#22の8.2cmを2本用意して中心をワイヤー#30の10cmで2mm幅に巻いて束ね、先から1cmに油性ペンで印をつけます。

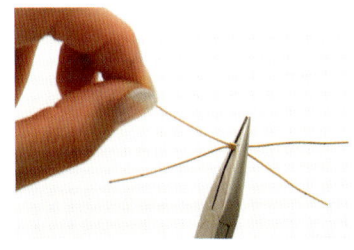

②束ねた部分を平ペンチで押さえながらワイヤーを指で広げます。

③広げたワイヤーの先を外巻きに1cmの印まで丸めます。

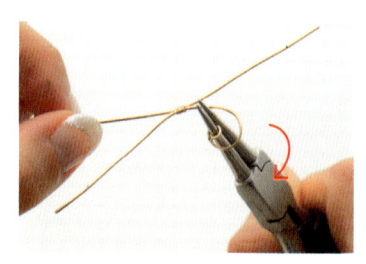

④さらに丸めてうずまきを作ります。

⑤もう1本のワイヤーの先を④と同じ方向に1cmの印まで丸めます。

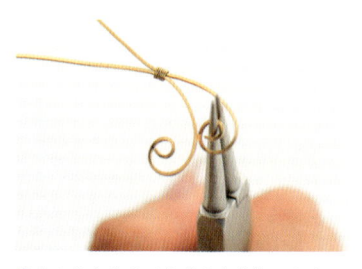

⑥そのまま丸めてうずまきを作ります。

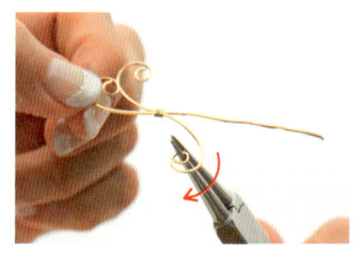

⑦反対側のワイヤーの先を⑥と反対巻きに1cmの印まで丸めてうずまきを作ります。

⑧残ったワイヤーの先も⑦と同じ方向に1cmの印まで丸めてうずまきを作ります。

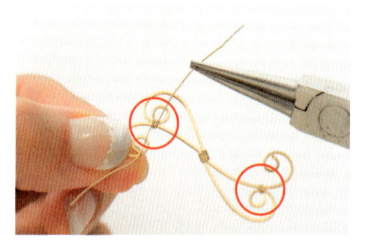

⑨ワイヤー#30の10cmを2本用意して⑧の重なった部分2ヵ所に3回ずつ巻きつけ、余ったワイヤーを切ります。

⑩ワイヤーを巻きつけたモチーフ。同じモチーフを3個作ります。

⑪ワイヤー#30の10cm4本で⑩にカラーパール3mmのめがね留めしたモチーフを2個作ります。

⑫ワイヤー#30の15cmを3本用意してアマゾナイト4mm3個とパール6mmのお花を3個作ります。

⑬アマゾナイトとパールのお花を⑩の中心に通します。

⑭お花のワイヤーをモチーフに3回ずつ巻きつけます。これが中心になります。

⑮⑪にお花を巻きつけます。これが左側のモチーフになります。

⑯ 残った⑪にもお花を巻きつけます。これが右側のモチーフになります。

⑰ カラーパール3mmの9ピンパーツを2個作ります。

⑱ ⑰で⑮、⑭、⑯をつなげて完成！

チェーンの作り方

パール6mm、パール4mm、チェーン1cm、カラーパール2mm、チェーン9cmの順に9ピンでつなげたものを2本作り、それぞれ丸カンで引き輪とアジャスターにつけます。6mmパールの9ピンをモチーフとつなげれば完成。

3本のワイヤーで作るモチーフ
すみれ色の翼

淡いすみれ色のアメジストが、
光に透きとおり、きらめきます。
3本のワイヤーで作った大小の羽根は、エンジェルの翼。
左右非対称の流れるようなフォルムは、
優美なアールヌーヴォーをイメージして。

できあがりのサイズ……2.5cm×3.5cm

材料
ラベンダーアメジスト6mm……3個
ラベンダーアメジスト4mm……6個
パール4mm……2個
スクエアワイヤー#22……53.1cm
ワイヤー#30……140cm
9ピン0.5mm……2本

チェーンの材料
パール6mm……2個
パール3mm……2個
9ピン0.5mm……6本
カラーパール2mm……2個
チェーン……22cm
引き輪、アジャスター……各1個
丸カン3mm……2個

準備……P.42の型紙を参考にワイヤーを準備しましょう。

作り方

① スクエアワイヤー#22の6.9cm、5.9cm、4.9cmを用意して先から1.5cmをワイヤー#30の15cmで2mm幅に巻いて束ね、反対側から1.2cmに油性ペンで印をつけます。

② 短いワイヤーを平ペンチで広げます。

③ 外側のワイヤーの先を丸ペンチで外巻きに束ねた部分まで丸めます。

④反対側のワイヤーの先も③と反対巻きに束ねた部分まで丸めます。

⑤中心のワイヤーの先を③と同じ方向に束ねた部分まで丸めます。

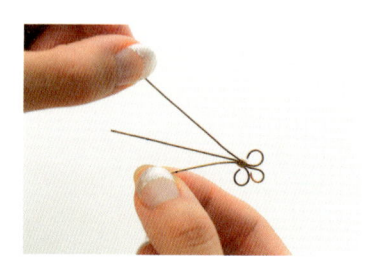

⑥長いワイヤーを指で広げます。

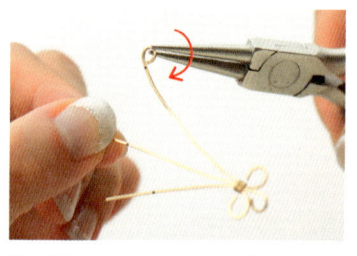

⑦1番長いワイヤーの先を外巻きに1.2cmの印まで丸めます。

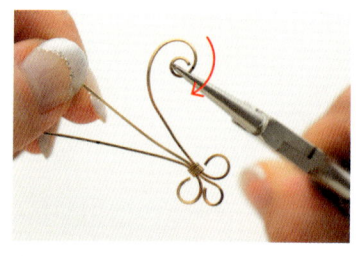

⑧さらに丸めてうずまきを作ります。

⑨中心のワイヤーの先を⑦と同じ方向に1.2cmの印まで丸めます。

⑩そのまま丸めてうずまきを作ります。

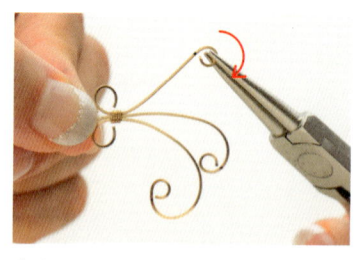

⑪残ったワイヤーも同じ方向に1.2cmの印まで丸めます。

⑫そのままうずまきを作ります。

⑬ワイヤー#30の10cmを2本用意して⑫の重なった部分2ヵ所に3回ずつ巻きつけます。

⑭ワイヤーを巻きつけたモチーフ。同じモチーフを3個作ります。

⑮ワイヤー#30の15cmを3本用意してラベンダーアメジスト6mm1個と4mm2個のお花を3個作ります。

⑯ ラベンダーアメジストのお花を⑭の中心に3回ずつ巻きつけます。

⑰ ⑯を3個作ります。

⑱ パール4mmの9ピンパーツを2個作ります。

⑲ ⑱で⑰をつなげて完成！

チェーンの作り方

パール6mm、パール3mm、チェーン1cm、カラーパール2mm、チェーン10cmの順に9ピンでつなげたものを2本作り、それぞれ丸カンで引き輪とアジャスターにつけます。6mmパールの9ピンをモチーフとつなげれば完成。

4本のワイヤーで作るモチーフ
ミモザの花束

イエロージェイドのミモザが、
羽根を広げた蝶に変わるワイヤーのマジック。
透かし彫りのようなアレンジが、軽やかな印象です。
3つのモチーフをパールでつないで、
ゴージャスなネックレスに。

できあがりのサイズ……1.7cm×4.5cm

材料
イエロージェイド4mm……9個
パール4mm……2個
スクエアワイヤー♯22……22.8cm
ワイヤー♯30……255cm
9ピン0.5mm……2本
カラーパール2mm……6個

チェーンの材料
イエロージェイド4mm……2個
パール4mm……2個
パール3mm……2個
9ピン0.5mm……8本
カラーパール2mm……2個
チェーン……12cm
引き輪、アジャスター……各1個
丸カン3mm……2個

準備……P.42の型紙を参考にワイヤーを準備しましょう。

作り方

①スクエアワイヤー♯22の3.2cm2本と8.2cm2本を用意して中心をワイヤー♯30の10cmで2mm幅に巻いて束ねます。

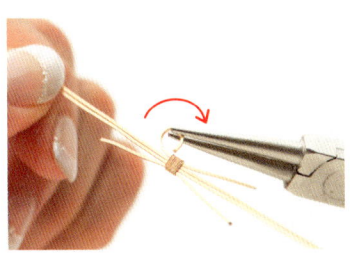

②短いワイヤーの先1.5cmを外巻きに束ねた部分まで丸めます。

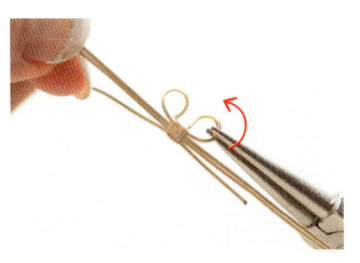

③反対側のワイヤーの先1.5cmも外巻きに束ねた部分まで丸めます

④ 残ったワイヤーの先も③と同じように束ねた部分まで丸めます。

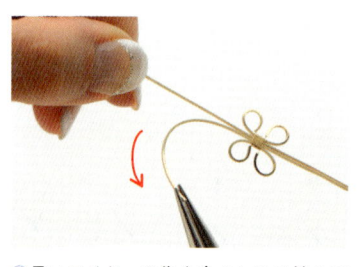

⑤ 長いワイヤーの先を丸ペンチで挟んで外巻きにカーブをつけます。

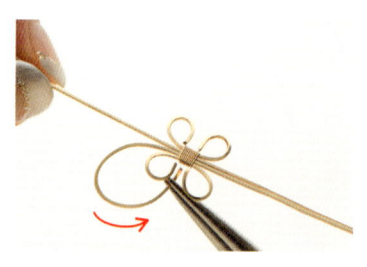

⑥ ⑤をそのまま束ねた部分まで丸めます。

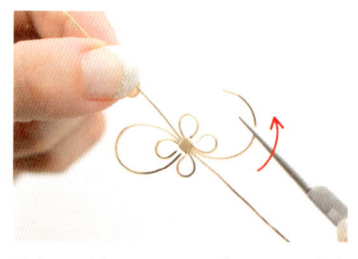

⑦ 向かい側のワイヤーも丸ペンチで外巻きにカーブをつけます。

⑧ ⑦も束ねた部分まで丸めます。

⑨ 残ったワイヤーの先から1.5cmにそれぞれ油性ペンで印をつけます。

⑩ ⑨の先を外巻きに1.5cmの印まで丸めます。

⑪ そのまま⑥に沿わせるようにカーブをつけます。

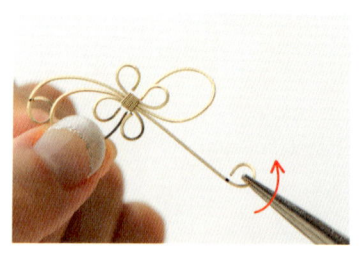

⑫ 残ったワイヤーの先も外巻きに1.5cmの印まで丸めます。

⑬ そのまま⑧に沿わせるようにカーブをつけます。

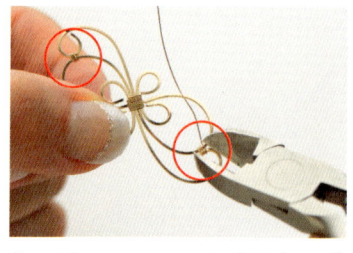

⑭ ワイヤー#30の10cmを2本用意して⑬の重なった部分2ヵ所を3回ずつ巻きつけます。

⑮ ワイヤー#30の10cm2本で⑭にカラーパール2mm2個を巻きつけます。

⑯ さらにワイヤー#30の10cm2本でカラーパールにめがね留めします。

⑰ カラーパールにめがね留めしたモチーフ。同じモチーフを3個作ります。

⑱ ワイヤー#30の15cmを3本用意してイエロージェイド4mm3個のお花を3個作ります。

⑲ イエロージェイドのお花を⑰の中心に3回ずつ巻きつけます。

⑳ ⑲を3個作ります。

㉑ パール4mmの9ピンパーツを2個作ります。

㉒ ㉑で⑳をつなげて完成！

チェーンの作り方

パール4mm、イエロージェイド4mm、チェーン1cm、パール3mm、チェーン1cm、カラーパール2mm、チェーン4cmの順に9ピンでつなげたものを2本作り、それぞれ丸カンで引き輪とアジャスターにつけます。4mmパールの9ピンをモチーフとつなげれば完成。

5本のワイヤーで作るモチーフ
フランス刺繍のドレス

貴婦人のドレスは、
シルクサテンに繊細なブーケの刺繡。
5本のワイヤーを金色の縁どりのようにデザインし、
華麗なシルエットを描いています。
淡い配色はフランスらしいエレガンス。

できあがりのサイズ……4.5cm×6.3cm

材料
ピンクサンゴ6mm……1個
パール6mm……2個
パール4mm……11個
スクエアワイヤー#22……42.5cm
ワイヤー#30……110cm
Tピン0.5mm……1本
カラーパール2mm……7個
丸カン3mm……1個

準備……P.42の型紙を参考にワイヤーを準備しましょう。

チェーンの材料
パール6mm……2個
パール3mm……2個
9ピン0.5mm……8本
カラーパール2mm……4個
チェーン……22cm
引き輪、アジャスター……各1個
丸カン3mm……4個

作り方

①スクエアワイヤー#22の8.2cm2本と5.2cm2本と5.7cmを用意して先から3.5cmをワイヤー#30の15cmで2mm幅に巻いて束ねます。

②長いワイヤー2本を指で広げます。

③②の束ねた部分から1cmと3cmにそれぞれ油性ペンで印をつけます。

④反対側のワイヤー5本も指で広げます。

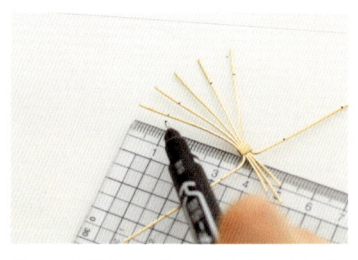

⑤④の外側のワイヤー4本の先から1cmにもそれぞれ油性ペンで印をつけます（中央は残します）。

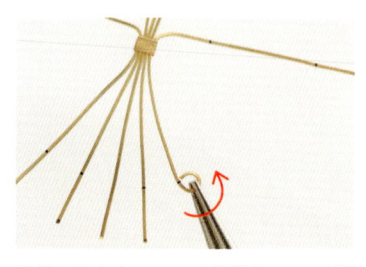

⑥⑤の先を丸ペンチで外巻きに1cmの印まで丸めます。

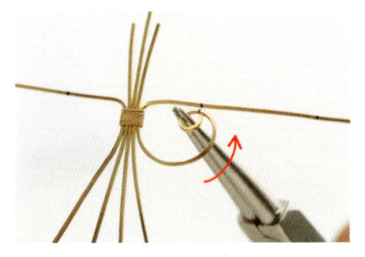

⑦さらに丸めてうずまきを作り、③の1cmの印と合わせます。

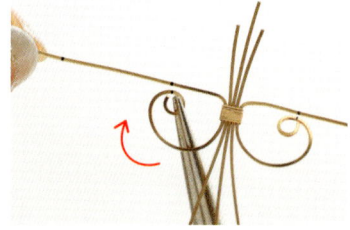

⑧反対側も同じようにうずまきを作り、印を合わせます。

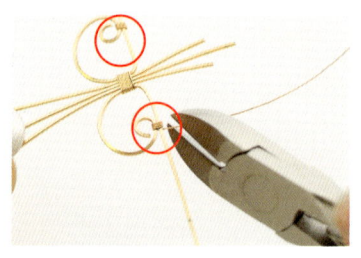

⑨ワイヤー#30の10cmを2本用意して⑧の重なった部分2ヵ所に3回ずつ巻きつけます。

⑩⑨の内側のワイヤー2本を指で広げます。

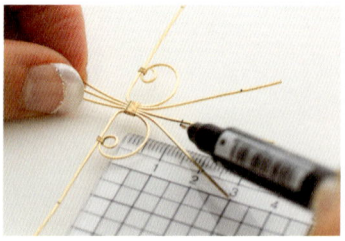

⑪中心のワイヤーの束ねた部分から1.3cmに油性ペンで印をつけます。

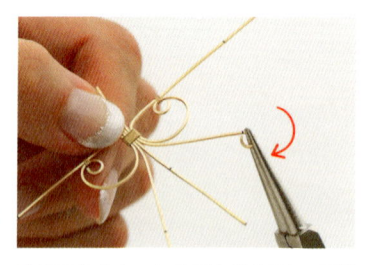

⑫⑩の先を丸ペンチで内巻きに1cmの印まで丸めます。

⑬そのまま丸めてうずまきを作り、⑪の1.3cmの印と合わせます。

⑭反対側も同じようにうずまきを作り、印を合わせます。

⑮ワイヤー#30を10cm用意して⑭の重なった部分に3回巻きつけます。

⑯ 中央のワイヤーにカラーパール2mmを通し、カラーパールから1.5cmに油性ペンで印をつけ、ニッパーで切ります。

⑰ ⑯を指で倒します。

⑱ ⑰を丸ペンチでカラーパールまで丸めます。

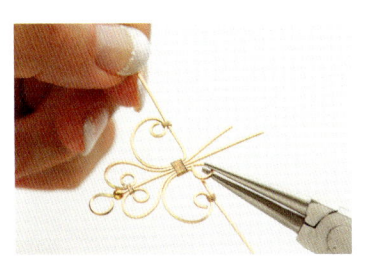

⑲ 残った外側のワイヤーを丸ペンチで⑨のワイヤーの上に重なるように丸めます。

⑳ 反対側も同じように丸めます。

㉑ 中央のワイヤーにカラーパール2mmを通し、カラーパールから1.5cmに油性ペンで印をつけ、ニッパーで切ります。

㉒ ㉑を指で倒します。

㉓ ㉒を丸ペンチでカラーパールまで丸めます。

㉔ 残ったワイヤーにカラーパール2mmを1個ずつ通して接着剤で固定し、指で曲げてカーブをつけます。

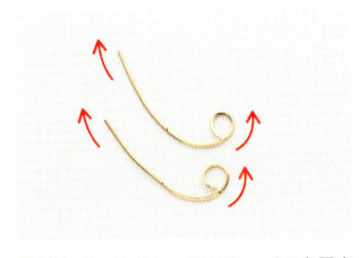

㉕ スクエアワイヤー#22の5cmを2本用意して両側から1.5cmと2cmにそれぞれ油性ペンで印をつけ、丸ペンチで1.5cmの印まで丸めてからカーブをつけます。

㉖ ㉕の2cmの印を㉔の印と合わせ、テープで固定します。

㉗ ワイヤー#30の10cmを2本用意して㉖で合わせた印に4回ずつ巻きつけ、テープを取ります。

37

㉘ 短いワイヤーを丸ペンチで束ねた部分まで丸め、反対側も同じように丸めます。

㉙ 残ったワイヤーにカラーパール2mmを1個ずつ通して接着剤で固定し、カラーパールから1.5cmに油性ペンで印をつけ、ニッパーで切ります。

㉚ ㉙を丸ペンチでカラーパールまで丸めます。

㉛ カラーパールまで丸めたモチーフ。

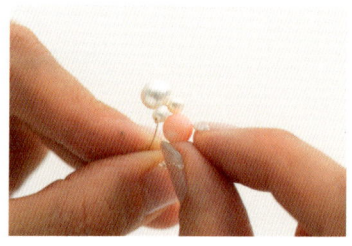

㉜ ワイヤー#30を15cm用意してパール6mmとパール3mm2個とピンクサンゴ6mmのお花を作ります。

㉝ ピンクサンゴのお花を㉛の中心に3回ずつ巻きつけます。

㉞ ワイヤー#30の15cmを2本用意してパール3mm4個のお花を2個作ります。

㉟ パールのお花を㉛の左右に3回ずつ巻きつけます。

㊱ カラーパール2mmとパール3mmとパール6mmのTピンパーツ（P.15を参照）を作ります。

㊲ 丸カン3mmで㉛の下に㊱をつなげて完成！

チェーンの作り方

丸カン、パール6mm、カラーパール2mm、チェーン1.5mm、パール3mm、チェーン1.5mm、カラーパール2mm、チェーン8cmの順に9ピンでつなげたものを2本作り、それぞれ丸カンで引き輪とアジャスターにつけます。丸カンでモチーフとつなげれば完成。

アレンジのアイデア

青空のスーベニール ……P.18

材料：（左）アーティスティックワイヤー ノンターニッシュブラス #20、ラピスラウンド、ホワイトオニキスラウンド　（右）アーティスティックワイヤー ノンターニッシュシルバー #20、ブルートパーズペアシェイプカット、ラリマーラウンド、ホワイトオニキスラウンド

わすれな草のアラベスク ……P.22

材料：（左）アーティスティックワイヤー ノンターニッシュシルバー #20、プレナイトラウンド、ラベンダーアメジストラウンド、パール　（右）アーティスティックワイヤー ノンターニッシュブラス #20、グリーンフローライトラウンド／ラウンドカット、クリソプレーズラウンドカット、パール

すみれ色の翼 ……P.26

材料：（左）アーティスティックワイヤー ノンターニッシュシルバー #20、アクアマリンローズカット、ブルーカルセドニードロップカット、イエロージェイドラウンド、パール　（右）アーティスティックワイヤー ノンターニッシュブラス #20、ホワイトアゲートラウンド、ブルーレースラウンド

ミモザの花束 ……P.30

材料：（上）アーティスティックワイヤー ノンターニッシュシルバー #20、オリーブジェイドラウンド、プレナイトオニオンカット、パール　（右）アーティスティックワイヤー ノンターニッシュブラス #20、ロードクロサイトラウンド、プレナイトドロップカット、ピンクパール

フランス刺繍のドレス ……P.34

材料：(左) アーティスティックワイヤー ノンターニッシュブラス #20、スモーキークォーツドロップカット、シャンパンパール　(右) アーティスティックワイヤー ノンターニッシュシルバー #20、シェルカボションカット、パール

41

スクエアワイヤーの型紙①

1本で作るモチーフ …… P.18

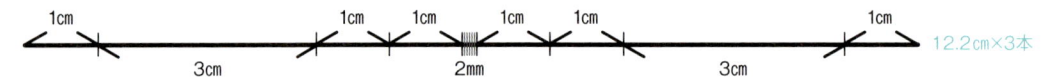

1cm / 3cm / 1cm / 1cm / 2mm / 1cm / 1cm / 3cm / 1cm　12.2cm×3本

2本で作るモチーフ …… P.22

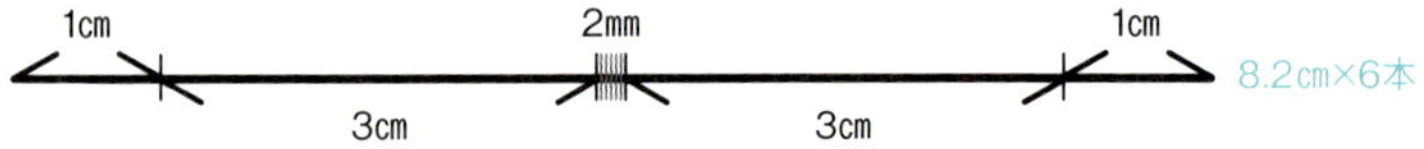

1cm / 3cm / 2mm / 3cm / 1cm　8.2cm×6本

3本で作るモチーフ …… P.26

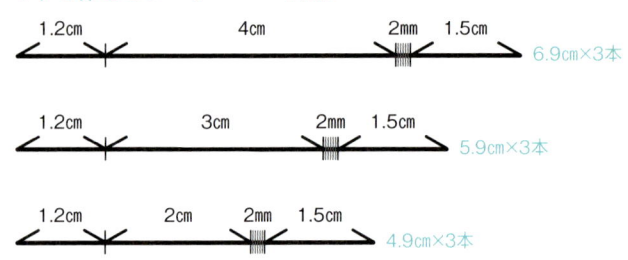

1.2cm / 4cm / 2mm / 1.5cm　6.9cm×3本

1.2cm / 3cm / 2mm / 1.5cm　5.9cm×3本

1.2cm / 2cm / 2mm / 1.5cm　4.9cm×3本

4本で作るモチーフ …… P.30

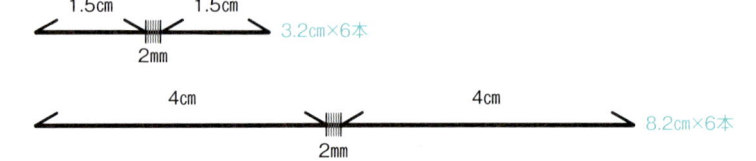

1.5cm / 2mm / 1.5cm　3.2cm×6本

4cm / 2mm / 4cm　8.2cm×6本

5本で作るモチーフ …… P.34

3.5cm / 2mm / 4.5cm　8.2cm×2本

3.5cm / 2mm / 1.5cm　5.2cm×2本

3.5cm / 2mm / 2cm　5.7cm

2cm / 1.5cm　5cm×2本

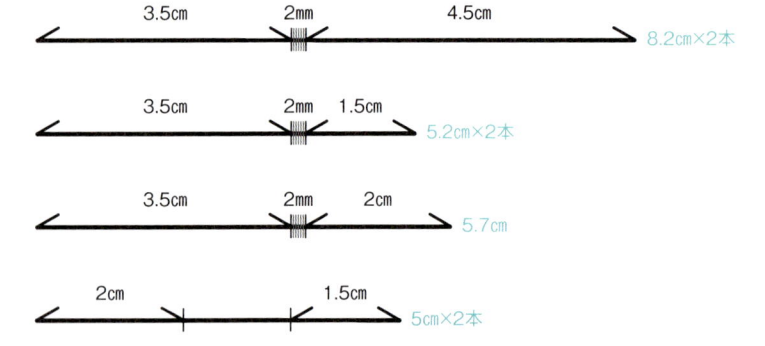

Lesson 2

お花のモチーフのアレンジ

お花のモチーフから
デザインを展開しましょう。
そのままで十分かわいい形だから、
天然石の数は少なめでも大丈夫。

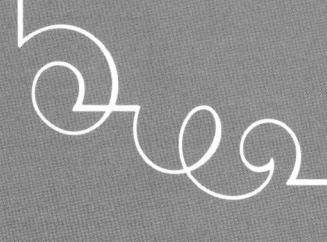

基本のお花のモチーフ
春のエチュード

妖精たちのクロス（十字架）は、きっと花の形。
ワイヤーで作った四つ葉のクローバーが、
アップルグリーンのアベンチュリンを囲みます。
シンプルだけど愛らしいモチーフ。
柔らかな光を散りばめて、美しい季節のはじまりです。

できあがりのサイズ……1.5cm×1.5cm

材料
アベンチュリン4mm……1個
スクエアワイヤー♯22……6.4cm
ワイヤー♯30……40cm

チェーンの材料
アベンチュリン4mm……4個
パール3mm……6個
9ピン0.5mm……12本
カラーパール2mm……2個
チェーン……25cm
引き輪、アジャスター……各1個
丸カン3mm……4個

準備……P.93の型紙を参考にワイヤーを準備しましょう。

作り方

①スクエアワイヤー♯22の3.2cmを2本用意して中心をワイヤー♯30の10cmで2mm幅に巻いて束ねます。

②束ねたワイヤーを指で広げます。

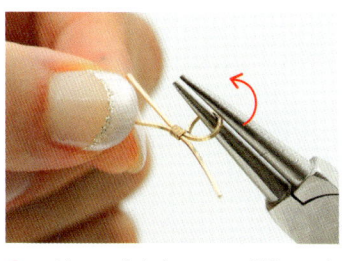

③ワイヤーの先を丸ペンチで外巻きに束ねた部分まで丸めます。

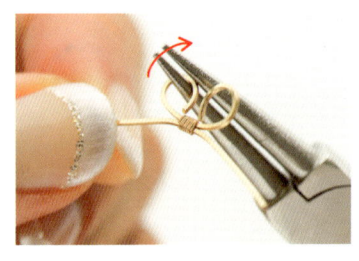

④反対側のワイヤーの先も外巻きに束ねた部分まで丸めます。

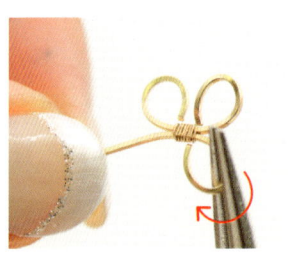

⑤もう1本のワイヤーの先も外巻きに束ねた部分まで丸めます。

⑥残ったワイヤーの先も同じように丸めます。

⑦ワイヤー#30の10cmを用意してカラーパール2mmを⑥に巻きつけます。

⑧さらにワイヤー#30の10cmでめがね留めを作り、カラーパールに通します。

⑨⑧の先を丸ペンチでめがね留めにします。

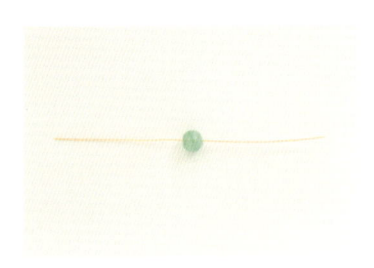

⑩ワイヤー#30を10cm用意してアベンチュリン4mmに通します。

⑪アベンチュリンのワイヤーを⑨の中心に通し、3回ずつ巻きつけて完成！

チェーンの作り方

丸カン、パール3mm、アベンチュリン4mm、パール3mm、チェーン1.5cm、アベンチュリン4mm、チェーン1.5cm、パール3mm、チェーン1.5cm、カラーパール2mm、チェーン8cmの順に9ピンでつなげたものを2本作り、それぞれ丸カンで引き輪とアジャスターにつけます。丸カンでモチーフとつなげれば完成。

お花のモチーフのアレンジ①
妖精のパラソル

晴れた日の昼さがり。
風を集めて揺れる花は、
妖精のパラソルに見えます。
先端をカールしたワイヤーをプラスするだけで、
楽しい動きのあるモチーフが完成します。

できあがりのサイズ……3.3cm×2.5cm

材料

こはく4mm……3個
スクエアワイヤー#22……18.8cm
ワイヤー#30……50cm
カラーパール2mm……1個

チェーンの材料

こはく4mm……2個
パール4mm……2個
パール3mm……2個
9ピン0.5mm……8本
カラーパール2mm……2個
チェーン……31cm
引き輪、アジャスター……各1個
丸カン3mm……2個

準備……P.93の型紙を参考にワイヤーを準備しましょう。

作り方

①スクエアワイヤー#22の3.2cmを2本と6.2cmを2本用意して中心をワイヤー#30の15cmで2mm幅に巻いて束ねます。

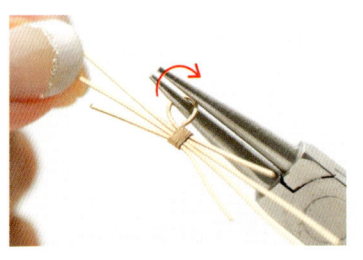

②短いワイヤーの先を丸ペンチで外巻きに束ねた部分まで丸めます。

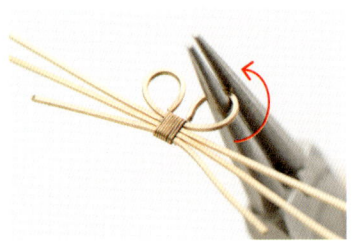

③反対側のワイヤーの先も外巻きに束ねた部分まで丸めます。

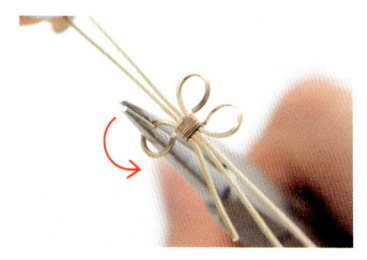

④ もう1本のワイヤーの先も外巻きに束ねた部分まで丸めます。

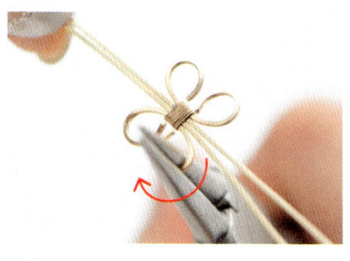

⑤ 残ったワイヤーの先も同じように丸めてお花のモチーフを作ります。

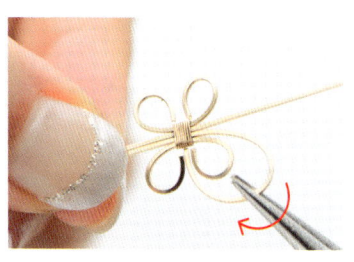

⑥ 長いワイヤーの先を丸ペンチで挟んで外巻きにカーブをつけ、そのまま束ねた部分まで丸めます。

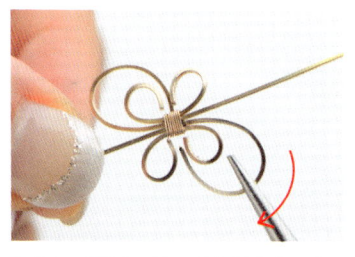

⑦ 向かい側のワイヤーも同じようにカーブをつけて丸めます。

⑧ 残ったワイヤーの先から1.5cmにそれぞれ油性ペンで印をつけます。

⑨ ワイヤーの先を外巻きに1.5cmの印まで丸めます。

⑩ そのままお花のモチーフに沿わせるようにカーブをつけます。

⑪ 反対側のワイヤーの先も外巻きに1.5cmの印まで丸めます。

⑫ そのままお花のモチーフに沿わせるようにカーブをつけます。

⑬ カーブをつけたモチーフ。

⑭ ワイヤー#30を10cm用意して⑬にカラーパール2mmを巻きつけます。

⑮ さらにワイヤー#30の10cmでめがね留めを作り、カラーパールに通します。

⑯ ⑮の先を丸ペンチでめがね留めにします。

⑰ ワイヤー#30を15cm用意してこはく4mm3個のお花を作り、⑯の中心に3回ずつ巻きつけて完成！

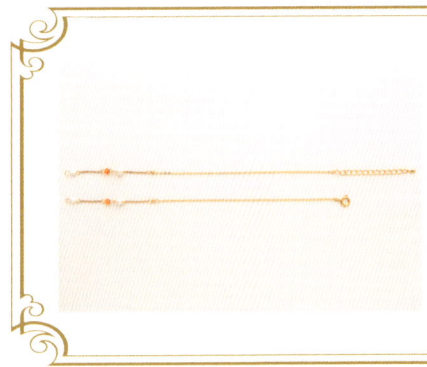

チェーンの作り方

パール3mm、チェーン1.5cm、こはく4mm、パール4mm、チェーン1.5cm、カラーパール2mm、チェーン12.5cmの順に9ピンでつなげたものを2本作り、それぞれ丸カンで引き輪とアジャスターにつけます。パール3mmの9ピンでモチーフとつなげれば完成。

お花のモチーフのアレンジ②
バラ色のワルツ

シンプルなモチーフは、
石をピンクに変えるだけで、スイートな印象に。
3つつなげるとさらに優美。
センターのにつけたローズクロサイトが揺れると、
まるで花びらが舞うようです。

できあがりのサイズ……2.5cm×3.5cm

材料

ロードクロサイト4mm……3個
ロードクロサイト6mm……1個
ピンクパール4mm……2個
スクエアワイヤー♯22……28.4cm
ワイヤー♯30……200cm
9ピン0.5mm……2本
Tピン0.5mm……1本
カラーパール2mm……7個

チェーンの材料

ロードクロサイト4mm……2個
ピンクパール4mm……2個
9ピン0.5mm……6本
カラーパール2mm……2個
チェーン……24cm
引き輪、アジャスター……各1個
丸カン3mm……2個

準備……P.93の型紙を参考にワイヤーを準備しましょう。

作り方

①スクエアワイヤー♯22の3.2cmと6.2cmを2本用意して油性ペンで印をつけ、ワイヤー♯30の15cmで2mm幅に巻いて束ね、ワイヤーを指で広げます。

②短いワイヤーの先を、丸ペンチで外巻きに束ねた部分まで丸めます。

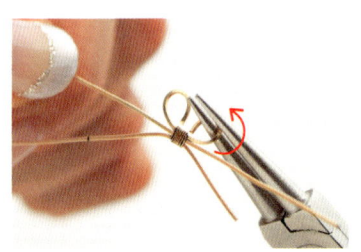

③反対側のワイヤーの先も外巻きに束ねた部分まで丸めます。

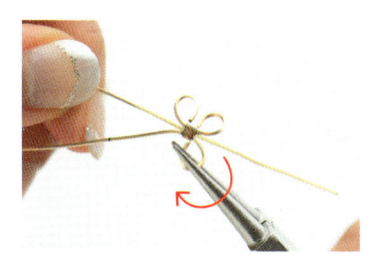

4 もう1本のワイヤーの先も外巻きに束ねた部分まで丸めます。

5 残ったワイヤーの束ねた部分から1.5cmにそれぞれ油性ペンで印をつけます。

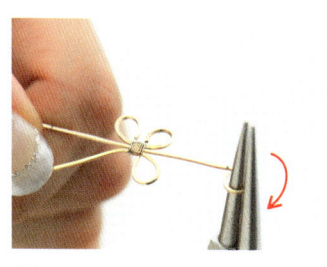

6 短いワイヤーの先を外巻きに1.5cmの印まで丸めます。

7 そのまま④に沿わせるようにカーブをつけます。

8 反対側のワイヤーの先も外巻きに1.5cmの印まで丸めます。

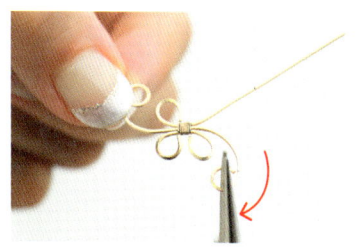

9 そのまま②に沿わせるようにカーブをつけます。

10 残ったワイヤーを外巻きに1.5cmの印まで丸めます。

11 ⑩の先を一回転させてカーブをつけます。

12 そのまま束ねた部分まで丸めます。

13 ワイヤー#30の10cmを3本用意して⑫にカラーパール2mm3個を巻きつけます。

14 さらにワイヤー#30の10cm3本でそれぞれのカラーパールにめがね留めします。

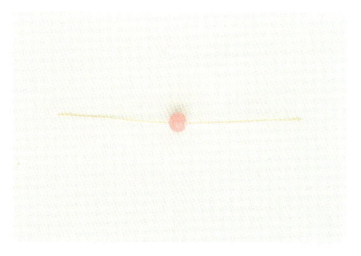

15 ワイヤー#30を10cm用意してロードクロサイト4mmを通します。

53

⑯ ロードクロサイトのワイヤーを⑭の中心に通し、3回ずつ巻きつけます。

⑰ ロードクロサイトを巻きつけたモチーフ。

⑱ ロードクロサイト6mmのTピンパーツを作ります。

⑲ ⑱を⑰の下につなげます。

⑳ スクエアワイヤー#22の3.2cmとワイヤー#30の10cmを用意し、基本のお花のモチーフ（P.45を参照）を作ります。

㉑ ワイヤー#30の10cmを2本用意してカラーパール2mm2個を⑳に巻きつけます。

㉒ さらにワイヤー#30の10cm2本でそれぞれのカラーパールにめがね留めします。

㉓ ワイヤー#30を10cm用意してロードクロサイト4mmに通し、㉒の中心に3回ずつ巻きつけます。同じモチーフを2個作ります。

㉔ ピンクパール4mmの9ピンパーツを2個作ります。

㉕ ㉔で⑲と㉓をつなげて完成！

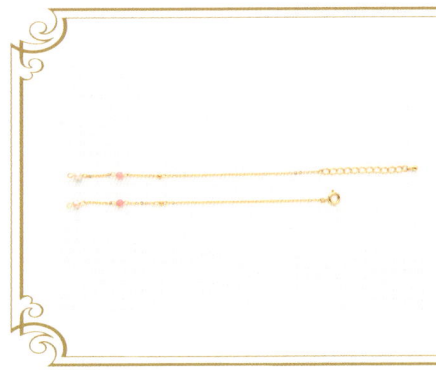

チェーンの作り方

ピンクパール4mm、チェーン1.5cm、ロードクロサイト4mm、チェーン1.5cm、カラーパール2mm、チェーン9cmの順に9ピンでつなげたものを2本作り、それぞれ丸カンで引き輪とアジャスターにつけます。ピンクパール4mmの9ピンをモチーフとつなげれば完成。

アレンジのアイデア

春のエチュード ……P.44

材料：(左) アーティスティックワイヤー ノンターニッシュシルバー #20、アクアマリンローズカット／ラウンド／オーバル、パール　(右) アーティスティックワイヤー ノンターニッシュブラス #20、カーネリアン ラウンド、パール

妖精のパラソル ……P.47

材料：(左) アーティスティックワイヤー ノンターニッシュシルバー #20、ブルートパーズマロンカット、クォーツラウンドカット、パール　(右) アーティスティックワイヤー ノンターニッシュブラス #20、アメジストラウンドカット／ボタンカット、パール

バラ色のワルツ ……P.51

材料：（左）アーティスティックワイヤー ノンターニッシュシルバー #20、ブルーカルセドニーボタンカット／ドロップカット、グレーパール （右）アーティスティックワイヤー ノンターニッシュブラス #20、アパタイトボタンカット／マロンカット、パール

Lesson 3

モチーフ同士の組み合わせ

新しいモチーフを作るのではなく、
組み合わせで表情が変化するデザインです。
パーツを組み合わせることで
豪華なイメージのジュエリーになります。

基本のモチーフ①
小公女の夢

小公女の憧れは、マリー・アントワネット。
どんな境遇にあっても、
王妃の誇りを失わずエレガントで毅然としていたからです。
深紅のガーネットとパールを組み合せたモチーフは、
愛らしさの中に秘めた強さを物語るよう。

できあがりのサイズ……0.9cm×1.5cm

材料
ガーネットオーバルカット8×6mm……1個
パール3mm……3個
スクエアワイヤー♯22……3.6cm
ワイヤー♯30……45cm
カラーパール2mm……3個

チェーンの材料
ガーネット3mm……2個
パール3mm……2個
9ピン0.5mm……6本
カラーパール2mm……2個
チェーン……36cm
引き輪、アジャスター……各1個
丸カン3mm……2個

準備……P.93の型紙を参考にワイヤーを準備しましょう。

作り方

①スクエアワイヤー♯22を3.6cm用意して油性ペンで印をつけます。

②①の中心を丸ペンチで挟んで8mmの印で交差させます。

③②の先を丸ペンチで挟んで外巻きにカーブをつけます。

④ 反対側のワイヤーの先も外巻きにカーブをつけます（基本のモチーフ①の完成）。

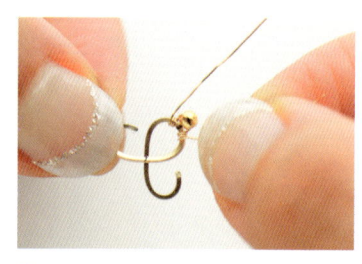

⑤ ワイヤー#30を10cm用意して④にカラーパール2mmを巻きつけます。

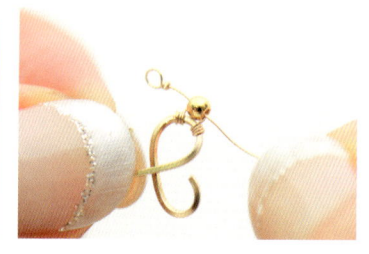

⑥ さらにワイヤー#30の10cmでめがね留めを作り、カラーパールに通します。

⑦ ⑥の先を丸ペンチでめがね留めにします。

⑧ ⑦にカラーパール2mm2個を接着剤でつけます。

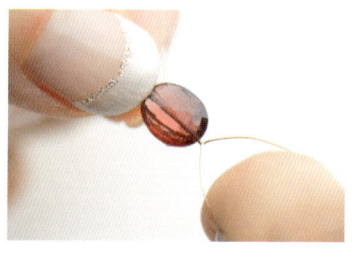

⑨ ワイヤー#30の10cmを用意し、ガーネットのオーバルカットに通してねじります。

⑩ ガーネットのワイヤーを⑧の下に3回ずつ巻きつけます。

⑪ ワイヤー#30を15cm用意してパール3mm3個のお花を作ります。

⑫ パールのお花を⑩の中心に3回ずつ巻きつけて完成！

チェーンの作り方

パール3mm、ガーネット3mm、チェーン1cm、カラーパール2mmの順に9ピンでつなげたものを2本作り、それぞれ丸カンで引き輪とアジャスターにつけます。パール3mmの9ピンをモチーフとつなげれば完成。

基本のモチーフ②
ブルー・ファンタジー

ブルーレースは、天使のクリスタル。
蒼い月に白いレース模様が浮かぶような、
涼しい色が上品です。
プリンセスタイプのネックレスで、
トップもネックの部分も天然石で仕立てます。

できあがりのサイズ……2.4cm×2.4cm

材料
ブルーレースローズカット……3個
パール3mm……1個
スクエアワイヤー#22……12.4cm
ワイヤー#30……45cm
Tピン0.5mm……1本
丸カン3mm……1個
カラーパール2mm……5個

チェーンの材料
ブルーレース4mmラウンドカット……68個
パール4mm……8個
パール3mm……2個
カラーパール2mm……4個
引き輪、アジャスター……各1個
丸カン3mm……2個
ボールチップ……2個
つぶし玉1.5mm……2個
テグス2号……45cm

準備……P.93の型紙を参考にワイヤーを準備しましょう。

作り方

①スクエアワイヤー#22を8.8cm用意して油性ペンで印をつけ、中心を丸ペンチで挟んで1cmの印で交差させます。

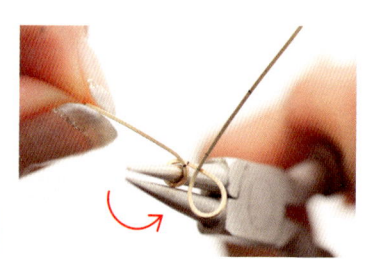

②①を外巻きに1.2cmの印まで丸めます。

③反対側も外巻きに1.5cmの印まで丸めます。

④ ③の先を丸ペンチで挟んで外巻きにカーブをつけます。

⑤ 反対側の先も同じようにカーブをつけます。

⑥ ⑤にカラーパール2mm2個を接着剤でつけます（基本のモチーフ②の完成）。

⑦ スクエアワイヤー#22を3.6cm用意して基本のモチーフ①（P.59を参照）を作り、カラーパール2mm2個を接着剤でつけます。

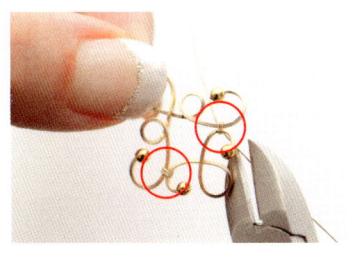

⑧ 基本のモチーフ①と②を重ね、ワイヤー#30 2本で重なった部分2ヵ所を3回ずつ巻きます。

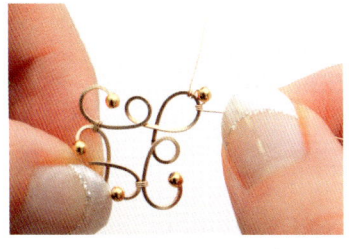

⑨ さらにワイヤー#30の10cmで⑧の上にカラーパール2mmを巻きつけます。

⑩ ワイヤー#30を15cm用意してブルーレースローズカット3個のお花を作ります。

⑪ ブルーレースローズカットのお花を⑨の中心に3回ずつ巻きつけます。

⑫ パール3mmのTピンパーツを作ります。

⑬ 丸カン3mmで⑪と⑫をつなげます。

⑭ 〈チェーンの作り方〉テグス2号（わかりやすいよう黒を使用）を45cm用意して⑬のカラーパールに通します。

⑮ テグスにパール3mm、ブルーレース4mm 4個、パール4mm、カラーパール2mm、パール4mmを通します。

⑯ さらにブルーレース4mm8個、パール4mm、カラーパール2mm、パール4mmを通します。

⑰ 最後にブルーレース22個を通し、反対側も⑮〜⑰の順に通します。

⑱ ⑰の先にそれぞれボールチップ(P.16を参照)をつけます。

⑲ 丸カン3mmで⑱と引き輪をつなぎ、反対側にアジャスターをつないで完成!

基本のモチーフ③
オルゴールのメロディ

65

ロマンティックな音色が聴こえそう。
カールが愛らしいフリルのようなワイヤーに、
小さなガーネットがクラシックの音符のイメージ。
ビロードのドレスの衿もとを飾る、
ビーズ刺繍みたいなネックレス。

できあがりのサイズ……1.7cm×3.5cm

材料

スモーキークォーツ4mm……11個
スモーキークォーツ6mm……1個
スクエアワイヤー#22……30cm
ワイヤー#30……165cm
9ピン0.5mm……2本
Tピン0.5mm……1本
カラーパール2mm……6個

チェーンの材料

スモーキークォーツ4mm……2個
9ピン0.5mm……4本
カラーパール2mm……2個
チェーン……21cm
引き輪、アジャスター……各1個
丸カン3mm……2個

準備……P.93の型紙を参考にワイヤーを準備しましょう。

作り方

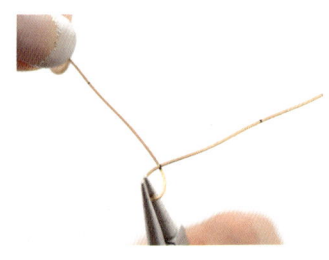

①スクエアワイヤー#22を10cm用意して油性ペンで印をつけ、中心を丸ペンチで挟んで1cmの印で交差させます。

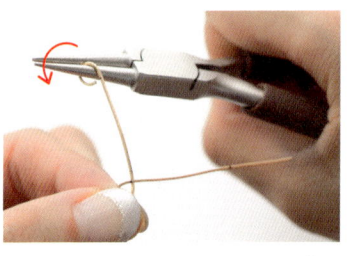

②①の先を外巻きに1.5cmの印まで丸めます。

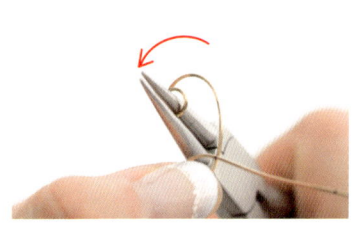

③そのまま丸めてカーブをつけます。

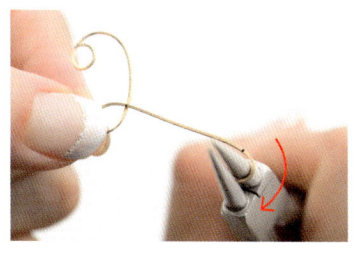

④反対側の先も外巻きに1.5cmの印まで丸めます。

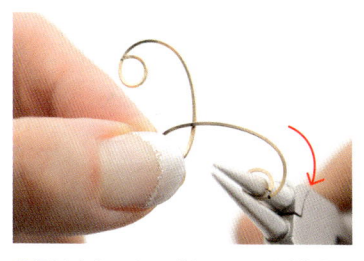

⑤同じようにカーブをつけます（基本のモチーフ③の完成）。

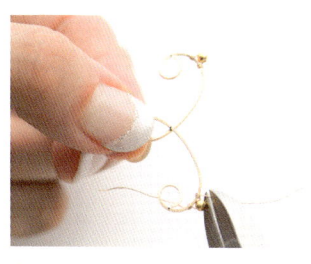

⑥ワイヤー#30の10cmを2本用意して⑤にカラーパール2mm2個を巻きつけます。

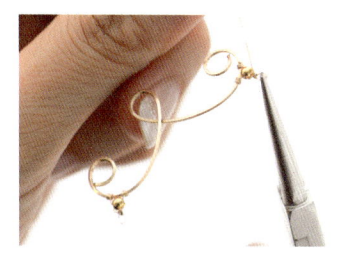

⑦さらにワイヤー#30の10cm2本でカラーパールにめがね留めします。

⑧ワイヤー#30を15cm用意してスモーキークォーツ4mm3個のお花を作ります。

⑨スモーキークォーツのお花を⑦の中心に3回ずつ巻きつけ、同じモチーフを3個作ります。

⑩スモーキークォーツ4mmの9ピンパーツを2個作ります。

⑪⑩で⑨をつなげます。

⑫スモーキークォーツ6mmのTピンパーツを作ります。

⑬丸カン3mmで⑪の下に⑫をつなげて完成！

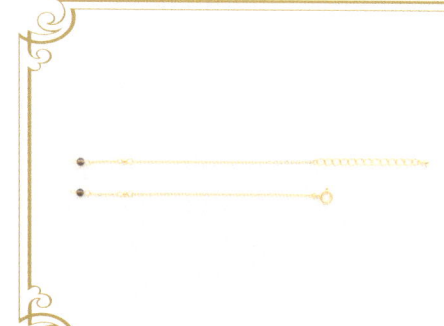

チェーンの作り方

スモーキークォーツ4mm、チェーン1.5cm、カラーパール2mm、チェーン9cmの順に9ピンでつなげたものを2本作り、それぞれ丸カンで引き輪とアジャスターにつけます。スモーキークォーツ4mmの9ピンをモチーフとつなげれば完成。

モチーフ②と③を組み合わせる
スノーホワイト・プリンセス

幼い頃に誰もが憧れた、
ロマンティックなジュエリー。
大人になった今、自分の手で作ることができます。
ワイヤーでつないだパールとピンクトルマリンが、
踊るようにスイングします。

できあがりのサイズ……1.8cm×3.8cm

材料
ピンクトルマリンペアシェイプカット8×6mm……1個
ピンクパール6mm……3個
ピンクパール4mm……2個
パール3mm……3個
スクエアワイヤー#22……18.8cm
ワイヤー#30……125cm
チェーン……3.8cm
Tピン0.5mm……5本
カラーパール2mm……8個

チェーンの材料
ピンクパール6mm……2個
ピンクパール4mm……6個
9ピン0.5mm……10本
カラーパール2mm……2個
チェーン……26cm
引き輪、アジャスター……各1個
丸カン3mm……2個

準備……P.93の型紙を参考にワイヤーを準備しましょう。

作り方

① スクエアワイヤー#22を8.8cm用意して油性ペンで印をつけ、基本のモチーフ②（P.62を参照）を作ります。

② スクエアワイヤー#22を10cm用意し、油性ペンで印をつけて基本のモチーフ③（P.66を参照）を作り、カラーパール2mm2個を接着剤でつけます。

③ ②の上に①を重ねます。

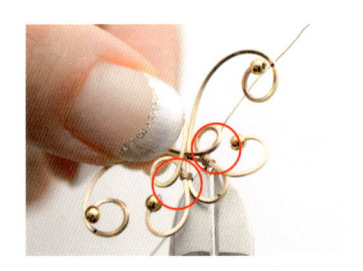

④ ワイヤー#30の10cm2本で③の重なった部分2ヵ所を3回ずつ巻きます。

⑤ さらにワイヤー#30の10cm4本で④にカラーパール2mm4個を巻きつけます。

⑥ ワイヤー#30の10cmを2本用意して⑤の上のカラーパール2個にめがね留めします。

⑦ カラーパールにめがね留めしたモチーフ。

⑧ ワイヤー#30を15cm用意してパール3mm3個のお花を作ります。

⑨ パールのお花を⑦の中心に3回ずつ巻きつけます。

⑩ ワイヤー#30を10cm用意してピンクトルマリンに通します。

⑪ ⑩をピンクトルマリンの頂点で交差させます。

⑫ ⑪に指を通し、そのまま2回ねじります。

⑬ ワイヤー1本をねじった部分からニッパーで切ります。

⑭ もう1本のワイヤーを丸ペンチで挟んで輪を作ります。

⑮ ⑨の下に⑭の輪を通します。

⑯ そのまま平ペンチで輪を押さえながらめがね留めします（ペアシェイプカットのめがね留め）。

⑰ ピンクトルマリンのめがね留めした状態のモチーフ。

⑱ ピンクパール6mm3個とピンクパール4mm2個のTピンパーツを作ります。

⑲ チェーン3.8cmを用意し、⑱を5コマずつ間隔を空けながら交互につなげます。

⑳ ワイヤー#30の10cmを2本用意して⑰の下のカラーパールに通し、⑲にめがね留めして完成！

チェーンの作り方

ピンクパール4mm、チェーン1.5cm、ピンクパール4mm、ピンクパール6mm、ピンクパール4mm、チェーン1.5cm、カラーパール2mm、チェーン10cmの順に9ピンでつなげたものを2本作り、それぞれ丸カンで引き輪とアジャスターにつけます。ピンクパール4mmの9ピンをモチーフとつなげれば完成。

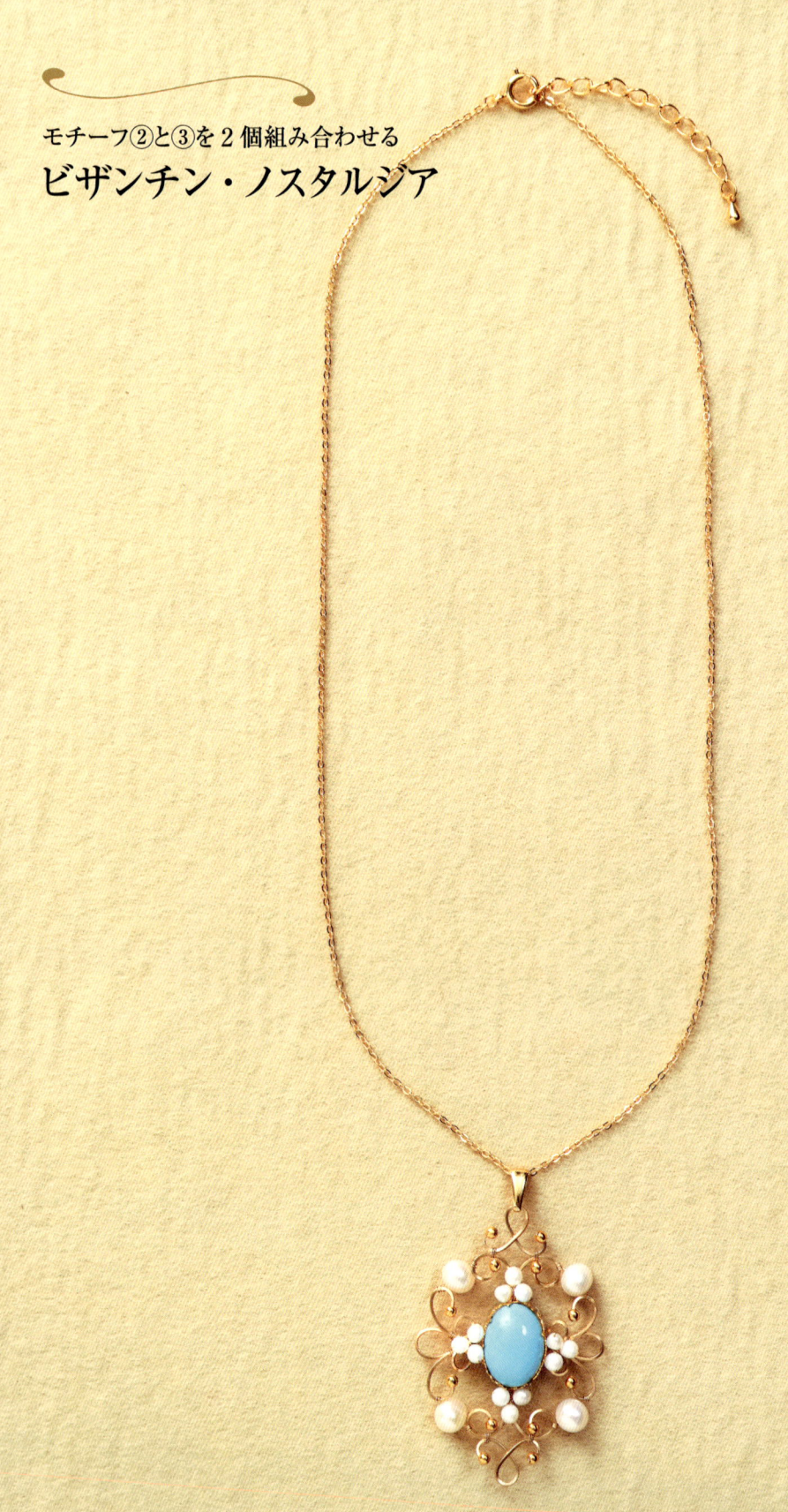

モチーフ②と③を2個組み合わせる
ビザンチン・ノスタルジア

遠い昔、東西の十字路
イスタンブールを中心に花開いたビザンチン帝国。
黄金とターコイズブルーで飾った、
エキゾチックな姫君をイメージして。
パールと繊細なワイヤーがまるで花びらのよう。

できあがりのサイズ……5.5cm×3.8cm

材料

トルコ石カボション15×12mm……1個
パール6mm……4個
パール3mm……12個
スクエアワイヤー#22……44.8cm
ワイヤー#30……200cm
カラーパール2mm……12個
フレーミングワイヤー……5cm
テグス2号……30cm
バチカン……1個

チェーンの材料

チェーン……適量
引き輪、アジャスター……各1個
丸カン3mm……2個

準備……P.93の型紙を参考にワイヤーを準備しましょう。

作り方

① スクエアワイヤー#22の8.8cmと10cmを2本ずつ、カラーパール2mm8個を用意して基本のモチーフ②と③を組み合わせたモチーフ（P.69を参照）を2個作ります。

② ①を重ね、ワイヤー#30の10cm2本で重なった部分2ヵ所を3回ずつ巻きます。

③ スクエアワイヤー#22の3.6cmを2本用意して基本のモチーフ①（P.59を参照）を2個作り、カラーパール2mm4個を接着剤でつけます。

④②と③を重ね、ワイヤー#30の10cm4本で重なった部分4ヵ所を3回ずつ巻きます。

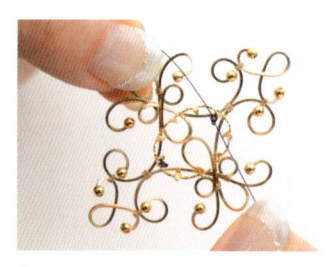

⑤フレーミングワイヤーを5cm用意して枠（P.16を参照）を作り、テグス2号（わかりやすいよう黒を使用）の10cm2本で④の中心に固定します。

⑥枠を固定したモチーフ。

⑦ワイヤー#30の15cmを4本用意してパール3mm3個のお花を4個作ります。

⑧パールのお花を⑥の枠のまわり4ヵ所に巻きつけます。

⑨ワイヤー#30を10cm用意してパール6mmに通し、同じものを4個作ります。

⑩⑨を⑧の4ヵ所にそれぞれ3回ずつ巻きつけます。

⑪⑩の枠の中に接着剤をつけます。

⑫⑪の中心にトルコ石をはめてツメを倒します。

⑬⑫にバチカンをつけてお好みの長さのチェーンにつなげれば完成！

アレンジのアイデア

小公女の夢 ……P.58

材料：（左）アーティスティックワイヤー ノンターニッシュシルバー #20、アマゾナイトローズカット、ブルーカルセドニーラウンド、パール （右）アーティスティックワイヤー ノンターニッシュブラス #20、ピンクアメジストオーバルカット、ローズクォーツドロップカット、パール。

ブルー・ファンタジー ……P.61

材料：(左) アーティスティックワイヤー ノンターニッシュブラス #20、レモンクォーツマロンカット、イエロージェイドラウンド、パール　(右) アーティスティックワイヤー ノンターニッシュシルバー #20、ブルーカイヤナイトオーバル、パール

オルゴールのメロディ ……P.65

材料：(左) アーティスティックワイヤー ノンターニッシュシルバー #20、ヘマタイトラウンドカット　(右) アーティスティックワイヤー ノンターニッシュブラス #20、オニキスラウンドカット

スノーホワイト・プリンセス …… P.68

材料：(左) アーティスティックワイヤー ノンターニッシュシルバー #20、ブルートパーズマロンカット、グレーパール　(右) アーティスティックワイヤー ノンターニッシュブラス #20、シトリンドロップカット、シャンパンパール

ビザンチン・ノスタルジア …..P.72

材料：（上）アーティスティックワイヤー ノンターニッシュブラス #20、クリソプ
レーズカボション、パール （下）アーティスティックワイヤー ノンターニッシュ
シルバー #20、ラピスラズリカボション、クォーツオーバルファンシーカット、
ムーンストーンラウンドカット、グレーパール

Lesson 4

モチーフをワイヤーでアレンジ

基本のデザインは同じでも
ワイヤーをつけ足すとイメージが変わります。
自分だけのアイデアで
どんどんアレンジしましょう。

基本のモチーフ
雨のピアノ曲

80

雨あがり。
木々の梢からこぼれるしずくが、トレモロを奏でます。
透きとおる水色のシーブルーカルセドニーを、
ワイヤーで作ったつる草の曲線でドレスアップ。
涼しい風を感じるネックレス。

できあがりのサイズ……2cm×3.5cm

材料
シーブルーカルセドニー6mm……1個
シーブルーカルセドニー4mm……3個
パール6mm……1個
パール3mm……3個
スクエアワイヤー#22……13.4cm
ワイヤー#30……100cm
9ピン0.5mm……1本
Tピン0.5mm……1本
カラーパール3mm……1個
カラーパール2mm……2個

チェーンの材料
シーブルーカルセドニー4mm……2個
パール3mm……4個
9ピン0.5mm……8本
カラーパール2mm……2個
チェーン……26cm
引き輪、アジャスター……各1個
丸カン3mm……2個

準備……P.94の型紙を参考にワイヤーを準備しましょう。

作り方

① スクエアワイヤー#22の6.7cmを2本用意して先から1.5cmをワイヤー#30の10cmで2mm幅に巻いて束ねます。

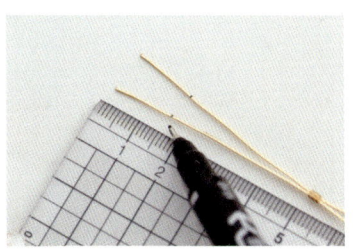

② 束ねたワイヤーを広げ、長いワイヤーの先から1.5cmにそれぞれ油性ペンで印をつけます。

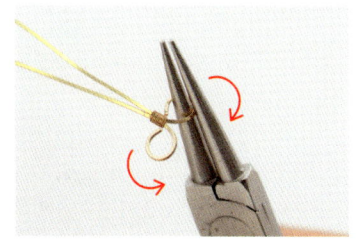

③ 短いワイヤーの先を丸ペンチで挟み、それぞれ外巻きに束ねた部分まで丸めます。

④反対側のワイヤーの先もそれぞれ外巻きに1.5cmの印まで丸め、そのままうずまきを作ります（基本のモチーフ）。

⑤ワイヤー#30の10cmを2本用意してカラーパール3mm1個と2mm2個を④に巻きつけます。

⑥さらにワイヤー#30の10cm3本でカラーパールにめがね留めします。

⑦カラーパールにめがね留めしたモチーフ。

⑧ワイヤー#30の15cmを用意してシーブルーカルセドニー4mm3個のお花を作ります。

⑨シーブルーカルセドニーのお花を⑦の中心に3回ずつ巻きつけます。

⑩ワイヤー#30を10cm用意してパール3mm、パール6mm、パール3mmの順に通します。

⑪⑩を⑨に3回ずつ巻きつけます。

⑫パール3mmの9ピンパーツとシーブルーカルセドニー6mmのTピンパーツを作り、それぞれをつなげます。

⑬丸ペンチで⑫を⑬の下のめがね留めとつなげて完成！

チェーンの作り方

パール3mm、シーブルーカルセドニー4mm、チェーン1cm、パール3mm、チェーン1cm、カラーパール2mm、チェーン11cmの順に9ピンでつないだものを2本作り、それぞれ丸カンで引き輪とアジャスターにつけます。パール3mmの9ピンをモチーフとつなげれば完成。

ワイヤーのアレンジ①
オータム・フォレスト

秋は、遠い森から。
木の実の栗色。枯葉の黄色とセピア色。
女性は秋の色を着てシックに変わります。
ワイヤーのクラシカルな装飾でセンスアップ。
カシミアのニットに似合いそうです。

できあがりのサイズ……3.3cm×6.5cm

材料

タイガーアイ6mm……4個
パール4mm……1個
パール3mm……2個
スクエアワイヤー#22……23.4cm
ワイヤー#30……125cm
9ピン0.5mm……1本
Tピン0.5mm……1本
カラーパール3mm……5個

チェーンの材料

タイガーアイ6mm……2個
パール4mm……2個
9ピン0.5mm……6本
カラーパール2mm……2個
チェーン……19cm
引き輪、アジャスター……各1個
丸カン3mm……2個

準備……P.94の型紙を参考にワイヤーを準備しましょう。

作り方

①スクエアワイヤー#22の6.7cmを2本用意して先から1.5cmをワイヤー#30の10cmで2mm幅に巻いて束ね、基本のモチーフ（P.81を参照）を作ります。

②スクエアワイヤー#22の5cmを2本（追加のワイヤー）用意して油性ペンで印をつけ、①と合わせて重なった部分にも印をつけます。

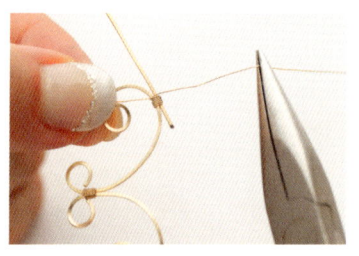

③ワイヤー#30の10cmを2本用意して②の印の部分に4回ずつ巻きつけて束ねます。

④追加のワイヤーの先から1.5cmにそれぞれ油性ペンで印をつけます。

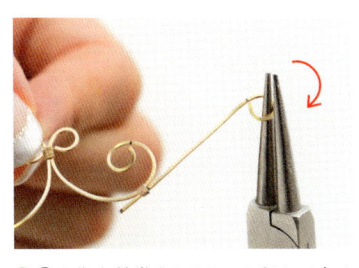

⑤④の先を外巻きに1.5cmの印まで丸めます。

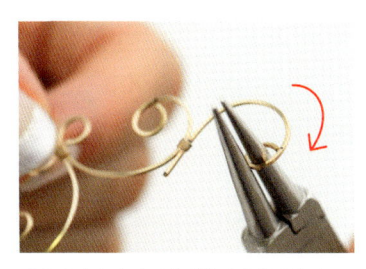

⑥そのまま丸めてうずまきを作ります。

⑦反対側も同じように丸めてうずまきを作ります。

⑧⑦の束ねた部分から3mmに油性ペンで印をつけ、ニッパーで切ります。

⑨⑧にカラーパール3mm2個をそれぞれ接着剤でつけます。

⑩ワイヤー#30の10cmを3本用意してカラーパール3mm3個を⑨に巻きつけます。

⑪さらにワイヤー#30の10cm3本で⑩のカラーパールにめがね留めします。

⑫カラーパールにめがね留めしたモチーフ。

⑬ワイヤー#30を15cm用意してタイガーアイ6mm3個のお花を作ります。

⑭タイガーアイのお花を⑫の中心に3回ずつ巻きつけます。

⑮ワイヤー#30を10cm用意してパール3mmに通したものを2個作ります。

85

⑯ ⑮を⑭の2ヵ所にそれぞれ3回ずつ巻きつけます。

⑰ パール4mmの9ピンパーツとタイガーアイのTピンパーツを作り、丸カンでつなげます。

⑱ ⑰を⑯の下のめがね留めにつなげて完成!

チェーンの作り方

タイガーアイ6mm、チェーン1.5cm、パール4mm、チェーン1.5cm、カラーパール2mm、チェーン6.5cmの順に9ピンでつなげたものを2本作り、それぞれ丸カンで引き輪とアジャスターにつけます。タイガーアイ6mmの9ピンをモチーフとつなげれば完成。

ワイヤーのアレンジ②
舞踏会のメモワール

月夜の海からきたサンゴは、花のモチーフになります。
ハート型のクラウンで飾られて、
パーティーのヒロインに。
お気に入りのネックレスをつける日は、
素敵な出来事に会える日です。

できあがりのサイズ……2.8cm×3.8cm

材料

ピンクサンゴ6mm……1個
ピンクサンゴ4mm……6個
パール3mm……1個
スクエアワイヤー#22……18.6cm
ワイヤー#30……155cm
9ピン0.5mm……1本
Tピン0.5mm……3本
カラーパール2mm……6個

準備……P.94の型紙を参考にワイヤーを準備しましょう。

チェーンの材料

ピンクサンゴ4mm……2個
パール3mm……2個
9ピン0.5mm……6本
カラーパール2mm……2個
チェーン……32cm
引き輪、アジャスター……各1個
丸カン3mm……2個

作り方

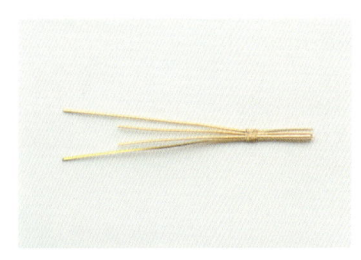

① スクエアワイヤー#22の6.7cm2本と5.2cm2本を用意して先から1.5cmをワイヤー#30の10cmで2mm幅に巻いて束ねます。

② 長いワイヤーを広げ、外側のワイヤー2本の先から1.5cm、内側のワイヤー2本の先から1cmにそれぞれ油性ペンで印をつけます。

③ 短いワイヤーの外側を丸ペンチで挟み、それぞれ外巻きに束ねた部分まで丸めます。

④短いワイヤーの内側もそれぞれ外巻きに③の手前まで丸めます。

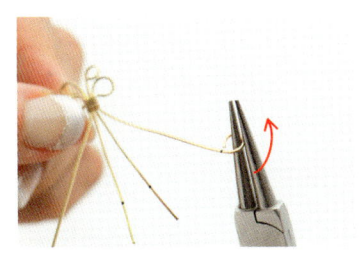

⑤長いワイヤーの外側を外巻きに1.5cmの印まで丸めます。

⑥さらに丸めてうずまきを作ります。

⑦反対側も外巻きに1.5cmの印まで丸め、そのままうずまきを作ります。

⑧残ったワイヤーの先を指で広げます。

⑨⑧を内巻きに1cmの印まで丸めます。

⑩そのままハート型になるようにカーブをつけます。

⑪反対側も内巻きに1cmの印まで丸め、そのままハート型のカーブをつけます。

⑫スクエアワイヤー#22を2cm用意して先から1.2cmに油性ペンで印をつけ、⑪の中心に通して1.2cmの印を合わせます。

⑬ワイヤー#30の10cmで⑫の印に4回巻きつけます。

⑭ワイヤー#30の10cm2本で⑬の2ヵ所に3回ずつ巻きつけ、中心のワイヤーの束ねた部分から3mmに油性ペンで印をつけてニッパーで切ります。

⑮ワイヤー#30の10cmを5本用意して⑭にカラーパール2mm5個を巻きつけます。

89

⑯ さらにワイヤー#30の10cm5本で⑮のカラーパールにそれぞれめがね留めします。

⑰ 中心のワイヤーにカラーパール2mmを接着剤でつけます。

⑱ カラーパールをつけたモチーフ。

⑲ ワイヤー#30を15cm用意してピンクサンゴ4mm4個のお花を作ります。

⑳ ピンクサンゴのお花を⑱の中心に3回ずつ巻きつけます。

㉑ ピンクサンゴ4mmのTピンパーツ2個と、パール3mmの9ピンパーツとピンクサンゴ6mmのTピンパーツをつなげたものを作ります。

㉒ ㉑を⑳の下のめがね留めにそれぞれつなげて完成！

チェーンの作り方

パール3mm、チェーン1.5cm、ピンクサンゴ4mm、チェーン1.5cm、カラーパール2mm、チェーン13の順に9ピンでつなげたものを2本作り、それぞれ丸カンで引き輪とアジャスターにつけます。パール3mmの9ピンをモチーフとつなげれば完成。

アレンジのアイデア

雨のピアノ曲 ……P.80

材料：(左) アーティスティックワイヤー ノンターニッシュシルバー #20、青めのうラウンド、グレーパール
(右) アーティスティックワイヤー ノンターニッシュブラス #20、ソーダライトラウンドカット、パール

オータム・フォレスト ……P.83

材料：(左) アーティスティックワイヤー ノンターニッシュシルバー #20、ペリドットラウンド、パール　(右) アーティスティックワイヤー ノンターニッシュブラス #20、マラカイトラウンド、パール

舞踏会のメモワール ……P.87

材料：(左) アーティスティックワイヤー ノンターニッシュブラス #20、赤めのうラウンド、パール　(右) アーティスティックワイヤー ノンターニッシュシルバー #20、ピンクオパールラウンド、パール

スクエアワイヤーの型紙②

お花のモチーフのアレンジ

基本のお花のモチーフ　……P.44
1.5cm　1.5cm　2mm　3.2cm×2本

お花のモチーフのアレンジ①　……P.47
3cm　3cm　2mm　6.2cm×2本

お花のモチーフのアレンジ②　……P.51
3cm　1.5cm　1.5cm　2mm　6.2cm×2本

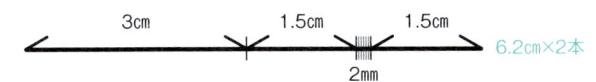

モチーフ同士の組み合わせ

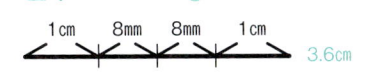

基本のモチーフ①　……P.58
1cm　8mm　8mm　1cm　3.6cm

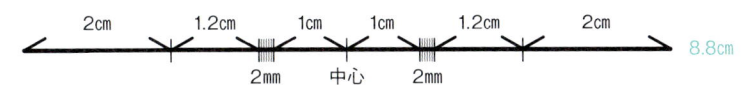

基本のモチーフ②　……P.61
2cm　1.2cm　1cm　1cm　1.2cm　2cm　2mm　中心　2mm　8.8cm

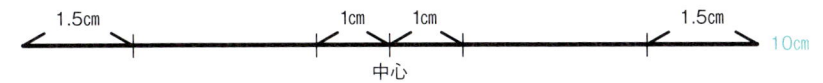

基本のモチーフ③　……P.65
1.5cm　1cm　1cm　1.5cm　中心　10cm

基本のモチーフをワイヤーでアレンジ

基本のモチーフ …… P.80

```
|← 1.5cm →|‖‖|←―――― 5cm ――――→|  6.7cm×2本
          2mm
```

ワイヤーのアレンジ① …… P.83

```
|←5mm→|←――― 4.5cm ―――→|  5cm×2本
```

ワイヤーのアレンジ② …… P.87

```
|← 1.5cm →|‖‖|←――― 3.5cm ―――→|  5.2cm×2本
           2mm
```

```
|← 1.2cm →|←― 2cm ―|
```

塚本ミカの作品と講座について

●塚本ミカの作品に関するお問い合わせ

渋谷アートスクール

事務局　東京都渋谷区桜丘町 14-10 渋谷コープ 302
☎ 03-3462-6236　FAX 03-3462-6251
教室　東京都渋谷区桜丘町 15-8 桜丘ビリジアン 101
http://www.shibuyaart.com/SHIBUYAARTSCHOOL3.html

●塚本ミカの講座のご案内（通信講座もあり）

「塚本ミカの NY スタイルビーズアクセサリー」

オパールやトルマリン、サンゴやこはくなど人気のジュエリーを使った本格的なビーズアクセサリーを制作します。ベーシック、アドバンス、マスター、アーティスト、カジュアルの各コースがあります。
http://www.shibuyaart.com/ARTSEMINARjewelry.html

「塚本ミカのワイヤーデザインジュエリー」

本書でご紹介した作品を中心に初心者の方からワイヤーデザインジュエリーの世界が楽しめます。ビギナー、基礎、上級、アーティストの各コースがあります。
http://www.shibuyaart.com/wire.html

※講座は全国各地にありますので、くわしくはホームページをご覧ください。
　また、講座の詳細については各スクールに直接お問い合わせください。

協力

ビーダロン ジャーマンスタイルワイヤースクエア#22（ノンターニッシュブラス、ノンターニッシュシルバー）、アーティスティックワイヤー#30／#20（ノンターニッシュブラス、ノンターニッシュシルバー）、アーティスティックワイヤー ナイロンジョープライヤー
問：泰豊トレーディング株式会社
☎ 03-5210-3171
http://www.rakuten.co.jp/noise/

フレーミングワイヤー（ゴールド、シルバー）、ブルートパーズ ペアシェイプカット／マロンカット、プレナイトラウンド／ドロップカット、ラベンダーアメジストラウンド、グリーンフローライトラウンド／ラウンドカット、クリソプレーズラウンドカット／カボション、アクアマリンラウンド／オーバル／ローズカット、ブルーカルセドニーラウンド／ボタンカット／ドロップカット、イエロージェイドラウンド、オリーブジェイドラウンド、ロードクロサイトラウンド、ピンクサンゴラウンド、スモーキークォーツラウンド／ドロップカット、アベンチュリンラウンド、カーネリアンラウンド、こはくラウンド、アメジストラウンドカット／ボタンカット、クォーツラウンドカット、アパタイトボタンカット、ガーネットオーバルカット、アマゾナイトラウンド、ローズクォーツドロップカット、ブルーレースラウンドカット／ローズカット、レモンクォーツマロンカット、ブルーカイヤナイトオーバル、ヘマタイトラウンドカット、オニキスラウンドカット、シトリンドロップカット、ラピスラズリカボション、ムーンストーンラウンドカット、トルコ石カボション、赤めのうラウンド、ピンクオパールラウンド、青めのうラウンド、ソーダライトラウンドカット、タイガーアイラウンド、ペリドットラウンド、マラカイトラウンド
問：ビーズ X-SENSE
☎ 0120-566-035（受付時間 10:00～17:00、土・日・祝日は除く）
http://x-sense.jp/

9ピン 0.5×16mm（ゴールド、ロジウム）、Tピン 0.5×21mm（ゴールド、ロジウム）、メタルビーズ 2mm／3mm（ゴールド、ロジウム）、丸カン 0.6×3mm（ゴールド、ロジウム）、引き輪 6mm（ゴールド、ロジウム）、アジャスター 4mm（ゴールド、ロジウム）、ボールチップ 3.5mm（ゴールド、ロジウム）、つぶし玉 1.2mm（ゴールド、ロジウム）、手芸用テグス2号、トルコ石ラウンド、パール、ラリマーラウンド、ホワイトオニキスラウンド、ラピスラウンド、アマゾナイトラウンド、ブルーレースラウンド、ホワイトアゲートラウンド、ピンクパール、シャンパンパール、グレーパール
問：パーツクラブ
☎ 0120-46-8290（受付時間 9:30～17:00、平日 12:00～13:00 及び土・日・祝日は除く）
http://www.partsclub.jp/

丸ヤットコ、平ヤットコ、ニッパー、チェーン 235SF（ゴールド、ロジウムカラー）、甲丸バチカン（ゴールド、ロジウムカラー）
問：貴和製作所ラフォーレ原宿店
☎ 03-5775-4050
http://www.kiwaseisakujo.jp/

天然石は自然のものなので形や色がひと粒ずつ違います。本書の写真やサイズ表記は目安としてお考えください。
使用している材料は2012年11月現在のものです。

※本書の内容に関するお問い合わせは、お手紙かメール（info@TG-NET.co.jp）にて承ります。恐れ入りますが、お電話でのお問い合わせはご遠慮ください。

著者　塚本ミカ

ジュエリーデザイナー、ビーズアクセサリーデザイナー。「NYスタイルビーズアクセサリー」及び「ワイヤーデザインジュエリー」を主宰。ジュエリーデザインとビーズデザインを学んだ後、日本ではじめて天然石だけで作るビーズアクセサリー「NYスタイルビーズアクセサリー」を発表。洗練されたデザインが人気を博す。2010年、まったく新しいワイヤージュエリーである「ワイヤーデザインジュエリー」を提案。渋谷アートスクール他、全国で多くのスクール及び通信講座を開講している。著書も多数。

「渋谷アートスクール」
http://www.shibuyaart.com/SHIBUYAARTSCHOOL3.html
公式ブログ「I LOVE 渋谷アートスクール」
http://beadsjewl.exblog.jp/

撮影　森 晴彦
スタイリング　前田亜希
AD　宇都宮三鈴
デザイン　山田大介
作品コピー　福田綾子
編集・進行　髙橋花絵

塚本ミカの
ワイヤーデザインジュエリーのアレンジ

平成24年11月20日　初版第1刷発行

著者　塚本ミカ
発行人　穂谷竹俊
発行所　株式会社日東書院本社

〒160-0022
東京都新宿区新宿2丁目15番14号　辰巳ビル
TEL　03-5360-7522（代表）
FAX　03-5360-8951（販売部）
http://www.TG-NET.co.jp/
印刷　図書印刷株式会社
製本所　株式会社宮本製本所

本書の無断複写複製（コピー）は、著作権法上での特例を除き、著作者、出版社の権利侵害となります。
乱丁・落丁はお取り替えいたします。小社販売部までご連絡ください。
©Mika Tsukamoto 2012
©NITTO SHOIN HONSHA CO.,LTD.2012
Printed in Japan
ISBN978-4-528-01457-2　C2077